LES
MOHICANS
DE PARIS

PAR

ALEXANDRE DUMAS

13

PARIS
ALEXANDRE CADOT, ÉDITEUR
37, rue Serpente.
—
1855

LES MOHICANS DE .PARIS

Ouvrages de Paul Féval.

Le Tueur de Tigres.	2 vol.
Les Parvenus.	3 vol.
La Sœur des Fantômes.	3 vol.
Le Capitaine Simon.	2 vol.
La Fée des Grèves.	3 vol.
Les Belles de nuit.	8 vol.

Ouvrages de G. de la Landelle.

Le Château de Noirac.	2 vol.
L'Honneur de la Famille.	2 vol.
Les Princes d'Ébène.	5 vol.
Falcar-le-Rouge.	5 vol.
Les Iles de Glace.	4 vol.
Le Morne-aux-Serpents	2 vol.
Une Haine à bord.	2 vol.

Ouvrages d'Alexandre de Lavergne.

Il faut que jeunesse se passe.	3 vol.
Sous trois Rois.	2 vol.
La Princesse des Ursins.	2 vol.
Un Gentilhomme d'aujourd'hui.	3 vol.
Le dernier Seigneur de Village. \} Le Secret de la Confession.	2 vol.

Fontainebleau, Imp. de E. Jacquin.

LES

MOHICANS

DE PARIS

PAR

ALEXANDRE DUMAS

13

PARIS
ALEXANDRE CADOT, ÉDITEUR
37, rue Serpente
—
1855

I

Où il est prouvé qu'il n'y a que les montagnes qui ne se rencontrent pas.

Les deux hommes, le genou gauche contre la margelle du puits, le pied droit un peu en arrière, attendaient un dernier ordre.

M. Jackal les regarda, en relevant ses

lunettes, quoique, de la position élevée où il était, il pût parfaitement les voir sans prendre cette peine.

Puis, passant momentanément sa canne sous son bras :

— Ah ! fit-il.

Et comme un homme qui, à l'heure du voyage, oublie quelque chose d'important, il fouilla à sa poche, en tira sa tabatière, l'ouvrit avec convoitise, y fourra le pouce et l'index, et se bourra le nez d'une énorme prise de tabac.

Après quoi, il reprit sa canne, meuble

qui n'était pas sans importance dans la descente qu'il allait tenter.

— Et maintenant, y êtes-vous ? demanda-t-il.

— Oui, monsieur Jackal, répondirent les deux hommes.

— En avant, alors, et lentement, sans secousses, les parois de ce puits n'étant pas précisément capitonnées.

Et d'une main, saisissant la corde à un pied au-dessus de sa tête, tandis que de l'autre, à l'aide de sa canne, il comptait toujours se tenir à une distance convenable de la muraille, il se laissa aller, le corps se tenant en parfait équilibre, au milieu de l'espace, au centre du puits.

— Lâchez doucement, et de temps en temps un temps d'arrêt, — allez !

Les deux hommes lâchèrent la corde pouce à pouce, et M. Jackal disparut peu à peu dans le puits.

— Très bien, très bien, dit-il d'une voix qui, grâce à l'immense porte-voix qui lui servait de conducteur, commençait à devenir aussi lugubre que celle de l'inconnu.

Celui-ci, qui sentait venir à son secours, avait cessé ses lamentations.

— Oh! ne craignez rien, cria-t-il à M. Jackal, ce n'est pas très profond : une centaine de pieds à peine.

M. Jackal ne répondait rien, l'idée qu'il avait encore une vingtaine de mètres à parcourir pour arriver jusqu'en bas, lui donnait des préoccupations. Inutilement son regard eût voulu plonger dans l'obscurité, il était dans un gouffre plein de ténèbres.

— Allez toujours, dit-il, un peu plus vite, seulement.

t il ferma les yeux.

Sa descente devint alors plus rapide, et au bout de huit ou dix brasses de corde, il mettait le pied sur ce sol, dont l'humidité avait tant effrayé Longue-Avoine.

— Eh! dit-il à l'inconnu, vous ne me prévenez pas que vous êtes dans l'eau jusqu'au derrière.

— J'en suis bien heureux, monsieur, répondit l'inconnu, c'est cette eau qui m'a sauvé; sans cette eau, je me rompais le cou; mais là, tenez, en face de moi, il y a une espèce de promontoire où vous serez à pied sec ou à peu près; d'ailleurs, vous ne comptez pas séjourner ici, n'est-ce pas?

— Non pas indéfiniment, répondit M. Jackal; mais cependant peut-être bien pendant quelques minutes.

M. Jackal, à l'aide de sa canne, dévia de la ligne droite et atteignit le promontoire indiqué.

A peine son pied s'y était-il posé, qu'il sentit ses jambes étreintes par les bras de l'inconnu, qui, l'enlaçant de toutes les forces qui lui restaient, lui baisait les pieds en signe de reconnaissance, lui répétant sur tous les tons de la joie et du bonheur :

— Vous me sauvez la vie, vous me délivrez de la mort! A partir de cette minute, je vous suis dévoué corps et âme.

— C'est bien, c'est bien, dit M. Jackal, qui sentait que les mains reconnaissantes de l'inconnu s'égaraient du côté de sa montre. Dites-moi d'abord comment vous vous trouvez ici, mon ami.

— J'ai été volé, assassiné, mon cher monsieur, et jeté dans ce puits.

— C'est bien, dit M. Jackal; lâchez-moi

Et depuis combien de temps êtes-vous dans ce puits?

— Oh! monsieur, le temps paraît bien long dans une pareille situation, et ils m'avaient pris ma montre. D'ailleurs, ajouta l'inconnu, me l'eussent-ils laissée, que je n'y verrais pas assez pour reconnaître l'heure.

— C'est plein de sens, ce que vous dites là, reprit M. Jackal. Mais comme vous ne verriez pas plus à la mienne qu'à la vôtre, je vous prie de la laisser tranquille où elle est, ou plutôt où elle n'est plus, attendu que je vous préviens que je viens de la mettre en sûreté.

— Eh bien! monsieur, répondit l'inconnu sans se blesser le moins du monde des soupçons injurieux de M. Jackal, il doit y avoir une heure et demie à peu près que j'ai été assassiné.

— Et connaissez-vous vos assassins?

— Je les connais, oui, monsieur.

— Alors, vous pourrez les livrer à la justice?

— Non, c'est impossible, au contraire.

— Pourquoi cela?

— Ce sont des amis.

— Très bien ; je vous connais maintenant.

— Vous me connaissez ?

— Oui ; et vous êtes une de mes plus vieilles connaissances.

— Moi ?

— Et quoique vous refusiez de me dire le nom de vos amis, je vous demande la permission de vous dire le vôtre.

— Vous êtes mon sauveur, je n'ai rien à vous refuser.

— Vous êtes Gibassier.

— Vous n'étiez pas encore dans le puits que je vous avais reconnu, moi, monsieur Jackal. Comme on se retrouve, hein?

— C'est vrai. Et depuis combien de temps sorti de Toulon, cher monsieur Gibassier?

— Depuis un mois à peu près, mon bon monsieur Jackal.

— Sans accident, j'imagine?

— Sans accident, en effet.

— Et depuis lors, vous vous êtes toujours bien porté ?

— Assez bien, je vous remercie ; jusqu'à cette nuit, du moins, où j'ai été volé, assassiné, jeté dans ce puits, et pendant laquelle j'ai failli être rompu mille fois avant d'arriver jusqu'ici.

— Et comment se fait-il, cher monsieur Gibassier, qu'étant tombé de si haut, je ne vous retrouve pas plus bas, car vous avez l'air de vous porter merveilleusement ?

— A deux ou trois coups de couteau

près; oui, monsieur, en effet, cela ne va pas mal; et il faut, pour que je ne sois pas mort dix fois après une pareille chute, qu'il y ait véritablement un dieu pour les honnêtes gens.

— Je commence, en effet, à le croire aussi, dit M. Jackal. Voyons, maintenant, vous plaît-il de me conter en quelques mots comment vous vous trouvez ici?

— Avec le plus grand plaisir, mais pourquoi pas là-haut?

— Là-haut, nous ne serions pas si libres que nous le sommes ici; il y aurait des oreilles qui nous écouteraient, et puis,

comme le disait judicieusement Carmagnole.

— Je le connais.

— Oui, je sais.

— Et que disait Carmagnole? mon bon
monsieur Jackal.

— Il disait que la vérité était au fond du
puits; et vous comprenez, cher monsieur
Gibassier, si ce n'était pas la vérité qui y
est...

— Eh bien?

— Eh bien, nous l'y laisserions.

— Oh! monsieur Jackal, je vous dirai tout, tout, tout!

— Commencez, alors?

— Par où?

— Par le récit de votre évasion; je vous connais pour un homme d'imagination, ce récit doit être rempli d'incidents nouveaux, romanesques et...

— Oh! sous ce rapport, monsieur Jackal, dit Gibassier, de l'air d'un artiste sûr de son effet, vous en serez content. Seulement, je regrette de ne pouvoir mieux vous faire les honneurs de la maison, et de n'avoir pas seulement un siége à vous offrir.

— Que cela ne vous inquiète pas, j'en ai un, moi.

Et M. Jackal poussa un ressort de sa canne, qui aussitôt, comme dans les féeries, se développa en pliant.

Relevant alors la tête.

— Eh! là-haut, dit-il.

— Plaît-il, monsieur Jackal? répondirent les agents.

— Causez de vos petites affaires et ne vous inquiétez pas de moi, j'ai les miennes.

Puis s'asseyant :

— Commencez, cher monsieur Gibassier, j'écoute. Les aventures arrivées à un personnage de votre importance intéressent la société tout entière.

— Vous me flattez, monsieur Jackal.

— Non, je vous jure, je proclame seulement la vérité.

— Alors, je commence.

— Je vous attends déjà depuis plusieurs secondes.

Et l'on entendit le bruit que faisait M. Jackal en prenant une énorme prise de tabac.

II

Le lierre et l'ormeau.

Cette permission donnée par M. Jackal, Gibassier commença en effet.

— Vous me permettez de donner un titre à cette romanesque aventure, n'est-ce pas, mon bon monsieur Jackal? Les titres ont cela de bon qu'ils résument en quelques mots l'idée prédominante du poëme, du roman ou du drame.

— Vous parlez de la chose en écrivain consommé, dit M. Jackal.

— Monsieur, j'étais né pour être homme de lettres.

— Mais vous n'avez point raté votre vocation, il me semble? N'ayez-vous pas été condamné une fois pour fausse lettre de change ?

— Deux fois, monsieur Jackal.

— Donnez donc un titre à votre aventure. Mais faites vite, le plancher de notre parloir n'étant pas des plus secs.

— Je l'appellerai donc *le Lierre et l'Ormeau !* Titre emprunté, si je ne m'abuse, au bon La Fontaine, ou à tout autre fabuliste.

— Il n'importe.

— Je m'ennuyais au bagne ; que voulez-vous, je n'aime pas le bagne. Je ne puis pas m'y faire; soit que la société qu'on y rencontre ne me convienne en aucune façon, soit que la vue de mes frères souffrants me remplisse de tristesse et de commisération ; enfin, tant il y a que le séjour du bagne ne saurait me convenir. Je ne suis plus de la première jeunesse, et les illusions dont je me berçais naguère en songeant que j'habiterais Toulon, ce Chanaan des forçats, ces illusions se sont depuis longtemps envolées. Je n'entre plus au bagne qu'avec fatigue, avec ennui, avec dégoût, comme un homme blasé. Le bagne n'a plus rien de séduisant pour mon imagination. La première fois qu'on y va, c'est une maîtresse inconnue ; la seconde fois, c'est votre légitime, c'est-à-dire une femme dont les charmes n'ont plus aucun secret pour vous, et que la satiété est toute prête à vous faire prendre en exécration.

J'arrivai donc cette fois à Toulon plein de mélancolie, morose, presque spleenétique. Encore si l'on m'eût envoyé à Brest. Je ne connais pas Brest ; le séjour de Brest m'eût rajeuni, réconforté, peut-être.

Mais point. J'eus beau adresser pétition sur pétition au ministre de la justice, sous prétexte d'hygiène, le ministre fut inexorable.

Je repris donc ma chaîne, et il est probable que je l'eusse apathiquement traînée jusqu'à ma dernière heure, si la société d'un camarade, jeune, naïf et bon, comme je l'ai été moi-même autrefois, ne m'eût rendu tout à coup à mes premiers enthousiasmes d'amour de la liberté.

M. Jackal, qui avait légèrement toussé, quand Gibassier avait rappelé sa naïveté et sa bonté primitives, profita de la halte qu'en orateur habile faisait son interlocuteur.

— Gibassier, lui dit-il, si l'Amérique perdait son indépendance, je suis sûr que c'est vous qui la retrouveriez.

— Je n'en doute pas plus que vous, monsieur Jackal, répondit Gibassier. Je disais donc que le jeune homme auquel j'étais accouplé, avec lequel j'allais à la fatigue, mon compagnon de chaîne, en un mot, était un enfant de vingt-trois à vingt-quatre ans ; il était blond, frais et rose comme une paysanne normande, la limpidité de ses yeux, la sérénité de son front, la pureté virginale de son visage, tout, jusqu'à son nom de *Gabriel*, faisait de lui une sorte de martyr, lui donnait enfin je ne sais quel air solennel qui l'avait, à l'unanimité, fait appeler *l'ange du bagne*.

Ce n'était pas le tout : sa voix était en harmonie avec son visage, on eût dit le son d'une flûte ; c'est au point que moi, qui adore la musique, ne pouvant pas me donner là-bas le luxe d'un concert, je le faisais parler rien que pour écouter sa voix.

— En un mot, dit M. Jackal, une attraction indicible vous attirait vers votre compagnon.

—Attraction, c'est le mot. D'abord, j'étais attiré vers lui par ma chaîne; mais ce n'est pas la chaîne, il s'en faut, qui fait l'amitié. Il y avait, outre cela, une sympathie mystérieuse qui est restée une énigme pour moi. Il parlait peu ; mais, bien différent en cela des autres, chaque fois qu'il parlait c'était pour dire quelque chose : un jour, c'était pour laisser tomber une sentence morale ; il savait son Platon par cœur, et il en tirait des adages qui le consolaient sur la terre d'exil. Un autre jour, il se livrait à des outrages et à des diffamations envers les femmes, outrages et diffamations dont je vous prie de croire que je le reprenais, monsieur Jackal. D'autres fois, au contraire, il s'enthousiasmait hautement pour le sexe tout entier, à l'exception d'une seule créature, qui, disait-il, était la cause première de sa fausse position ; aussi la maudissait-il à cœur joie.

— Et quel était son crime ?

— Un crime de rien, une bêtise de jeune homme : un mauvais faux.

— A combien d'années était-il conamné ?

— A cinq ans.

— Et il songeait à faire son temps ?

— En entrant au bagne, ce fut d'abord son idée ; il appelait cela une expiation ; mais précisément parce qu'on l'appelait l'ange du bagne, un jour il se rappela qu'il avait des ailes, et songea à les déployer et à s'envoler.

— Vous êtes tout à fait poète, Gibassier.

— J'étais président de l'académie de Toulon, monsieur Jackal.

— Continuez.

— Une fois l'idée de recouvrer sa liberté éclose en lui, il changea tout à coup de visage et d'allure. De tranquille, il devint grave; de mélancolique, il devint sombre. Il ne m'adressait plus la parole qu'une ou deux fois par jour, et ne répondait à mes questions qu'avec le laconisme d'un Spartiate.

— Et vous ne deviniez pas la cause de ce changement, avec un esprit aussi profond que l'est le vôtre, cher monsieur Gibassier ?

— Oh que si fait ! de sorte qu'un soir, en

rentrant de la fatigue, j'échangeai avec lui les paroles suivantes :

— Jeune homme, je suis un vieux de la vieille ; je connais les bagnes comme maître Galilée Copernic connaît les principales cours d'Europe. J'ai vécu avec des bandits de toutes les nuances, des forçats de toutes les encolures ; j'ai expérimenté la matière, et je puis dire à première vue : voilà un confrère qui pèse trois, quatre, cinq, six, dix, vingt ans de travaux forcés.

— Eh bien! me dit-il avec sa voix douce, où voulez-vous en venir, monsieur. — Il m'appelait *monsieur* et ne me tutoyait jamais.

— Appelez-moi milord tout de suite, j'aime mieux cela, lui répondis-je. Eh bien! voilà où j'en veux venir, *monsieur*, à ceci tout simplement : je suis un physionomiste de seconde force, et en ne m'attribuant que le second rang, je pensais à vous, monsieur Jackal, et vous faisais hommage du premier.

— Vous êtes bien bon, mon cher Gibassier; mais je vous avoue que pour le quart d'heure, j'aimerais mieux une chaufferette que vos compliments.

— Croyez, mon bon monsieur Jackal, que si je possédais ce meuble, je m'en dessaisirais en votre faveur.

— Je n'en doute pas ; allez toujours.

Et M. Jackal prit une prise de tabac, afin de se réchauffer le nez à défaut des pieds.

— Je suis donc, continua Gibassier, un physionomiste de première force, et je vais vous dire tout simplement, mon jeune ami, quelles pensées vous agitent.

Il écouta attentivement.

— Quand vous êtes arrivé ici, la nouveauté, le pittoresque, le côté original du bagne vous a séduit comme l'aspect d'un site nouveau, et vous vous êtes dit : eh bien ! avec un peu de philosophie et mes souvenirs de Platon et de Saint-Augustin, peut-être m'accommoderai-je peu à peu à cette vie simple, frugale, naïve, à cette existence de pasteurs. Peut-être, avec un tempérament lymphatique, vous y seriez-vous fait comme un autre; mais vif, ardent, passionné comme vous êtes, vous avez besoin d'espace et de grand air, et vous songez que cinq années, dont une bissextile, à passer ici, sont cinq de vos plus belles années perdues sans retour. Or, par une déduction toute logique de cette pensée, vous désirez vous soustraire au plus vite à la destinée à laquelle une justice marâtre vous a condamné. Ou je suis un faux Gibassier, ou voilà le sujet de vos méditations.

— C'est la vérité, monsieur, répondit franchement Gabriel.

— Je ne trouve rien de blâmable dans une pareille méditation, mon jeune ami; seulement, permettez-moi de vous dire qu'elle dure depuis un mois, que depuis un mois vous êtes fort maussade, et cela m'ennuie d'avoir un disciple de Pythagore à l'autre bout de ma chaîne, et que je trouve que le moment est arrivé de *festinare ad eventum,* comme dit Horace. Dites-moi donc quels sont vos projets et vos moyens?

— Mon projet est de recouvrer ma liberté, répondit Gabriel, quant aux moyens je les attends de la Providence.

— Allons, vous êtes encore plus jeune que je ne pensais, jeune homme !

— Que voulez-vous dire ?

— Je veux dire que la Providence est une vieille usurière qui ne prête qu'aux riches.

— Monsieur, dit Gabriel, ne blasphêmez pas.

— Dieu m'en garde. Si cela me rapportait quelque chose, je ne dis pas. Mais où diable avez-vous vu que la Providence s'occupât des malheureux. Le mot de notre destinée est en nous, et il y a un vieux proverbe qui dit, aide-toi et le ciel t'aidera; ce vieux proverbe, mon cher monsieur Gabriel, est d'une justesse parfaite ; donc, présentement, la Providence n'a rien à voir ici, et c'est en nous-même qu'il faut chercher les moyens d'évasion, car il va sans dire, jeune homme, que vous ne vous en allez pas sans moi, vous m'intéressez à ce point que je ne vous quitte pas d'une semelle, morbleu ; ne songez donc pas à limer un de vos anneaux sans que je m'en aperçoive, car je ne dors jamais que d'un œil. D'ailleurs, vous avez le cœur bien placé, et vous comprenez qu'il serait par trop ingrat d'abandonner un vieux compagnon. Ne tentez donc rien seul, attendu que nous sommes enchaînés l'un à l'autre comme le lierre et l'ormeau, ou, je vous en préviens, mon cher ami, au premier demi-tour à droite ou à gauche que je vous vois faire sans m'en prévenir, je ne suis pas cafard, moi, je vous dénonce.

— Vous avez tort de me dire cela, monsieur, je comptais vous proposer de fuir ensemble.

— Bien, jeune homme, ce point arrêté, procédons méthodiquement; en premier lieu, votre franchise me plaît, et je vais vous donner une preuve d'affection que je pourrais dire paternelle, en vous confiant mes plans et en vous emmenant avec moi au lieu d'être emmené par vous.

— Je ne vous comprends pas, monsieur.

— Naturellement, jeune homme, car si vous me compreniez, je ne me donnerais pas la peine de m'expliquer. Savez-vous d'abord — je vais voir du premier coup où vous en êtes — savez-vous d'abord quel est le premier élément d'une évasion ?

— Non, monsieur.

— C'est cependant l'alpha du métier.

— Faites-moi la grâce de me l'apprendre, alors.

— Eh bien, c'est une *bastringue*.

— Qu'est-ce que c'est que cela, une bastringue ?

— Il ne savait pas ce que c'est qu'une *bastringue*, monsieur Jackal !

— J'espère, Gibassier, que vous ne l'avez pas laissé dans une pareille ignorance.

— Une *bastringue*, jeune homme, c'est un étui de fer blanc, de sapin ou d'ivoire — la matière n'y fait rien — de six pouces de long et de dix ou douze lignes d'épaisseur, pouvant contenir à la fois un passeport et une scie faite avec un ressort de montre.

— Et où cela se trouve-t-il? demanda Gabriel.

— Cela se trouve... enfin, n'importe, voici le mien.

Et, à son grand ébahissement, je lui montrai l'objet en question.

— Alors, nous pouvons fuir ? s'écria-t-il naïvement.

— Nous pouvons fuir, lui dis-je, de même que vous pouvez, de vos pieds légers, aller vous promener jusqu'à l'endroit où la sentinelle fera feu sur vous.

— Mais alors, demanda Gabriel découragé, à quoi vous sert cet ustensile ?

— Patience, jeune homme, chaque chose viendra à son tour. J'ai l'intention d'aller passer le carnaval à Paris, ensuite j'ai reçu une lettre d'intérêt qui me force à aller faire un tour dans la capitale, et cela d'ici à une quinzaine de jours. Je vous offre de m'accompagner.

— Alors, nous allons donc fuir?

— Sans doute, mais avec les précautions nécessaires, trop ardent jeune homme; vous avez du courage et de la résolution, n'est-ce pas?

— Oui.

— Un ou deux hommes à laisser derrière nous sur notre chemin ne vous effraieront pas?

L'ange Gabriel fronça le sourcil.

— Dame, on ne fait pas une omelette sans casser des œufs, comme disait la cuisinière de feu Lucullus, c'est à prendre ou à laisser ; s'il y a un ou deux hommes à renverser en passant, il faut me dire : Monsieur Gibassier, ou milord Gibassier, ou signor comte Gibassiero, je les renverserai.

— Eh bien, soit, je les renverserai, dit résolûment mon compagnon.

— Bien, dis-je, vous êtes digne de la liberté, et je vous la rendrai.

— Comptez sur ma reconnaissance, monsieur.

— Appelez-moi mon général, et n'en parlons plus ; quant à la reconnaissance, nous en reparlerons sur des bords plus fortunés. En attendant, voici ce dont il s'agit. Vous voyez bien cette herbe ?

— Oui.

— Je la tiens de la main d'une amie, je vais la partager avec vous.

Et je lui en offris la moitié, en lui disant solennellement :

— Qu'ainsi mon âme soit séparée de

mon corps, si je ne vous rends pas à votre liberté native.

— Qu'est-ce que c'est que cette herbe? demanda Gabriel.

— C'est une herbe merveilleuse avec laquelle vous allez vous frotter le corps. A peine votre chair sentira-t-elle le contact de cette graminée bienfaisante, que vous verrez sourdre de toutes parts des centaines de boutons de la nuance des roses du Bengale. Cela vous démangera d'abord un peu, puis beaucoup, puis enfin d'une façon insupportable, et que cependant il faudra supporter.

— Mais quel est le but de cette friction?

— C'est, mon cher ami, de vous donner l'apparence d'une des maladies dites *urticaires*, érysipèle, ou autres, dont les noms scientifiques ne me reviennent pas, afin d'être envoyé à l'hôpital. Une fois là, vous êtes sauvé, mon bonhomme.

— Sauvé!

— Oui, je suis étroitement lié avec un des infirmiers de l'hôpital; rapportez-vous-en à moi et attendez patiemment.

— Je sais bien des choses, mon cher Gibassier, interrompit M. Jackal, mais je ne sais pas encore comment, même avec l'aide d'un infirmier, on s'échappe de l'infirmerie gardée par tout un poste.

— Vous êtes aussi impatient que l'ange Gabriel, monsieur Jackal, reprit Gibassier. Mettez-y un peu de patience, et dans cinq minutes vous saurez le dénoûment.

— C'est ce que je fais, dit M. Jackal, en bourrant son nez de tabac; et, vous le voyez, avec cette patience que vous me recommandez, et dont il me semble que je fais preuve, dans la conviction qu'il y a toujours quelque chose à apprendre avec vous, cher monsieur Gibassier.

—Vous êtes bien bon, monsieur Jackal, dit le narrateur.

Et il continua.

Gabriel se frictionna tant et si bien, qu'au bout de deux heures il était couvert de boutons de la tête aux pieds.

On l'envoya à l'hôpital.

C'était justement à l'heure de la visite : le médecin le déclara atteint d'un érysipèle de la plus belle venue.

Le lendemain du jour où Gabriel avait

fait son entrée à l'hôpital, je subis de mon côté une attaque d'épilepsie si effrayante, que les carabins me déclarèrent d'abord hydrophobe, et m'envoyèrent de mon côté à l'hôpital.

En vain je protestai, en vain j'invoquai le témoignage de mes camarades, constatant que je n'avais jamais essayé de les mordre, je fus traîné de force à l'hôpital et frictionné comme cataleptique.

J'avais l'air furieux, j'étais enchanté.

Mon ami l'infirmier était prévenu de longue main : comme il était déferré, il allait et venait à sa convenance. Cela veut dire qu'il allait de mon lit au lit de Gabriel, et venait du lit de Gabriel au mien.

Le tout pour nous porter des paroles d'encouragement.

Un matin ; le brave homme vint m'annoncer que tout était prêt, et que, dès le même soir, nous pourrions fuir.

La journée se passa à convenir sans affectation de nos faits et gestes.

Vous connaissez, au moins par ouï dire, la distribution des salles de l'hôpital. A l'extrémité de celle où l'on nous avait placés, Gabriel et moi, se trouvait une petite pièce qui servait de salle des morts.

Mon infirmier était le dépositaire de la clé de cette salle, qui ne s'ouvrait jamais que pour donner entrée aux corps des forçats décédés.

Nous pouvions donc, l'obscurité venue, nous introduire dans cette salle. Les seuls meubles qui l'ornaient et la rendaient semblables à un amphithéâtre de dissection, étaient des tables de marbre noir sur lesquelles on couchait les cadavres ; sous une de ces tables, l'infirmier et moi nous avions creusé un trou par lequel, avec les draps de nos lits, nous pouvions descendre dans des magasins souterrains appartenant à la marine.

L'heure arrivée, et pendant le sommeil de nos camarades de chambre, Gabriel, qui se trouvait le plus près de la porte, descendit de son lit le premier et, semblable à une ombre, se dirigea lentement et vaporeusement vers la salle des morts.

Je le suivis de près.

Par malheur, ce jour-là, on avait déposé sur une des tables le corps d'un des vétérans du bagne; le malheureux Gabriel, qui prenait encore les morts au sérieux, eut la mauvaise chance de poser, en tâtonnant, la main sur le cadavre au lieu de la poser sur le marbre. Une vénette épouvantable s'empara de lui, de sorte qu'il faillit tout faire découvrir ; heureusement, au cri qu'il poussa, je devinai ce qui se passait, et, tâtonnant à mon tour, après l'avoir inutilement appelé, je le découvris adossé contre la muraille et grelottant de terreur.

— En route, mon gentilhomme, lui dis-je, tout est prêt, partons.

— Oh ! c'est horrible ! s'écria-t-il.

— Quoi ? lui demandai-je.

Il me raconta ce qui venait de se passer.

— Allons! pas d'attendrissement poétique, lui dis-je ; nous n'avons pas une minute à perdre, filons !

— Impossible ! les jambes me manquent.

— Mille tonnerres ! c'est fâcheux, car il est presque impossible de vous en passer pour fuir.

— Partez seul, mon cher monsieur Gibassier.

— Jamais, mon cher monsieur Gabriel.

Et, allant à lui, je le forçai de s'approcher du trou, de s'accrocher au drap, et je le descendis comme vous êtes vous-même descendu ici tout à l'heure.

Lui descendu, j'accrochai un des coins du drap au pied de fer de la table, et je descendis à mon tour.

Nous étions, comme je l'ai dit, dans les magasins de la marine, situés au rez-de-chaussée du bâtiment, dont l'hôpital occupe le premier étage.

J'allumai un rat-de-cave et je me mis à la recherche d'une dalle sur laquelle mon infirmier avait tracé une lettre à la craie, et sous laquelle il avait dû cacher deux déguisements complets.

Je trouvai la dalle marquée à la craie de la lettre G. Cette attention délicate de mon infirmier me fit verser une larme d'attendrissement, qui tomba comme un hommage à la reconnaissance sur la première lettre de mon nom. Je la soulevai, et j'aperçus un uniforme de gendarme complet, armement, équipement et perruque.

— Un seul? demanda M. Jackal.

— Un seul.

C'était là où je me réservai de tâter mon camarade.

J'eus l'air désespéré.

— Un seul habit ? m'écriai-je, un seul ?

Gabriel fut sublime.

— Endossez-le, me dit-il, et partez.

— Partir ? et vous ?

— Moi, je resterai ici pour expier mon crime.

— Allons, dis-je, vous êtes un brave compagnon. Je n'avais, pour l'accomplissement de mon plan, besoin que d'un costume de voyage, deux m'eussent fort embarrassé; mais je voulais voir jusqu'à quel point un ami pouvait compter sur vous ; aidez-moi à m'habiller, si cela ne vous humilie pas trop d'être le valet de chambre d'un gendarme.

— Et moi ?

— Vous, vous restez comme vous êtes.

— Avec ce costume ?

— Oui. Vous ne comprenez donc pas ?

— Non

— Laissez-moi vous lier les mains, alors.

— Je comprends de moins en moins.

— Je suis gendarme, vous êtes un forçat que l'on transfère des bagnes dans une prison quelconque ; nous trouverons bien le nom d'une prison, que diable, les prisons ne manquent pas en France ; au point du jour nous sortons, l'un conduisant l'autre.

— Ah ! fit-il.

Il avait compris.

Nous restâmes cachés dans les magasins, et le lendemain, au point du jour, dès que le canon annonça l'ouverture du port, nous nous dirigeâmes, mon prisonnier et moi, vers la grille de l'arsenal.

Elle venait d'être ouverte ; les ouvriers de la marine arrivaient en foule. Je me frayai, pour Gabriel et pour moi, un passage au milieu d'eux, et nous franchîmes la grille sans obstacle.

Le pauvre Gabriel tremblait de tous ses membres.

En moins de dix minutes, nous avions

traversé la ville et nous prenions la route du Beausset.

A quelques portées de fusil de Toulon, nous entrâmes dans un bois. A peine y avions-nous fait quelques pas, que trois coups de canon, tirés à intervalles égaux, annoncèrent aux habitants de Toulon et des villages voisins qu'une évasion venait d'avoir lieu.

Nous nous jetâmes dans le plus épais du fourré. Nous nous couvrîmes de branches et de fougère, et nous demeurâmes immobiles, attendant la nuit pour traverser le bourg du Beausset.

Par bonheur, une pluie torrentielle vint à tomber juste au moment où les gendarmes commençaient à fouiller le bois. Arrivés à vingt pas de nous, ils commencèrent à pester si cruellement contre l'intempérie de l'atmosphère, qu'il nous parut à peu près sûr qu'ils allaient abandonner la recherche à laquelle ils se livraient, pour se réfugier dans le plus prochain cabaret.

En effet, nous n'en entendîmes plus reparler de toute la journée. Vers les huit heures du soir, nous reprîmes notre route ; nous franchîmes le Beausset, et le matin, à quatre heures, nous avions atteint l'inextricable forêt de Cuges. Nous étions sauvés.

Je n'ai pas besoin de vous dire, mon bon monsieur Jackal, les divers incidents dont fut émaillée notre route du bois de Cuges jusqu'ici. Vous avez trop d'expérience pour vous figurer que nous cheminions par des sentiers de fleurs. Nous sommes arrivés sains et saufs, ce qui est le principal, et vous voyez qu'à quelques coups de couteau et d'une chute de cent pieds près dans un puits, je me porte à merveille.

— C'est merveilleux, cher monsieur Gibassier.

— N'est-ce pas ?

— C'est-à-dire que si j'étais préfet de

police, je vous donnerais un brevet d'évasion et une récompense honnête ; par malheur, je ne le suis pas ; et si mes sympathies d'artiste sont flattées, mon opinion d'inspecteur de la sûreté publique les combat avec tant d'énergie, que je vous avoue que je ne sais encore à qui demeurera la victoire. Cela tiendra probablement à la sincérité dont vous ferez preuve. Permettez-moi donc de continuer mon interrogatoire, ne fût-ce que pour faire l'expérience de ce que disait Carmagnole, et pour voir si, comme le prétend le proverbe, la vérité est au fond du puits.

Donc, veuillez commencer par me dire, cher monsieur Gibassier, comment vous vous trouvez ici.

— Je m'y trouve fort mal, monsieur Jackal, dit Gibassier, se méprenant au sens des paroles de M. Jackal ; et si ce n'était l'honneur de votre compagnie...

— Ce n'est pas cela. Je vous demande par quelle cause vous êtes ici.

— Ah! oui, je comprends. Eh bien! mon bon monsieur Jackal, je venais d'hériter d'une somme de cinq mille francs.

— C'est-à-dire que vous veniez de voler cinq mille francs.

— Aussi vrai que vous êtes mon sauveur, monsieur Jackal, je ne les avais pas volés, je les avais au contraire gagnés loyalement, laborieusement, à la sueur de mon front.

— Alors, c'est vous qui avez travaillé dans l'affaire de Versailles. Je vous avais reconnu à la façon habile avec laquelle la porte avait été refermée.

— Qu'appelez-vous l'affaire de Versailles ? demanda Gibassier, appelant à son secours l'air le plus innocent qu'il pût prendre.

— Quel jour êtes-vous arrivé à Paris?

— Le dimanche gras, monsieur Jackal,

juste pour voir passer le bœuf, qui était magnifique cette année. On dit qu'il a été nourri dans les gras pâturages de la vallée d'Auge. Cela ne m'étonne point : la vallée d'Auge est dans une magnifique situation, abritée d'un côté par...

— Laissons la vallée d'Auge si cela vous est égal.

— Volontiers.

— Voyons maintenant; comment avez-vous passé le dimanche gras?

— Assez gaîment, monsieur Jackal; nous

avons fait, avec quelques amis que nous avons retrouvés à Paris, quelques bonnes folies.

— Et le lundi ?

— Le lundi, je l'ai passé en visites.

— En visites ?

— Oui, monsieur Jackal, quelques visites officielles et une visite de digestion.

— Vous parlez de la journée ?

— Oui, monsieur Jackal, je parle de la journée.

— Mais le soir?

— Le soir !

— Oui.

— Diable !

— Qu'y a-t-il ?

— Il est vrai, dit Gibassier, comme s'il se parlait à lui-même, que je ne puis rien refuser à mon sauveur.

— Que voulez-vous dire ?

— Vous me demandez de lever pour

vous le voile épais de ma vie privée, je vais le lever. Le lundi, à onze heures...

— Inutile. Passons sur les mystères de votre vie privée, et continuons.

— Je ne demande pas mieux.

— Qu'avez-vous fait le lendemain, jour du mardi gras ?

— Oh ! je me suis livré à un plaisir bien innocent ; je me suis promené sur la place de l'Observatoire avec un faux nez.

— Mais vous aviez une raison pour vous

promener sur la place de l'Observatoire avec un faux nez ?

— Dédain ! mépris ! misanthropie ! pas autre chose. J'avais été le matin regarder passer les masques sur les boulevarts. Je les ai trouvés pitoyables. Hélas ! encore un de nos vieux us qui va disparaître, monsieur Jackal. Je ne suis pas ambitieux, mais si j'étais seulement préfet de police...

— Passons là-dessus, et venons vite au soir du mardi gras.

— Au soir du mardi gras. Ah ! monsieur

Jackal, vous voulez que de nouveau je lève le voile épais de ma vie privée.

— Vous êtes allé à Versailles, Gibassier?

— Je ne m'en cache pas.

M. Jackal laissa errer sur ses lèvres un indéfinissable sourire.

— Qu'alliez-vous faire à Versailles ?

— Me promener.

— Vous promener à Versailles, vous !

— Que voulez-vous, monsieur Jackal,

j'aime cette ville toute pleine des souvenirs du grand roi ; ici, c'est une fontaine, là un groupe.

— Vous n'étiez pas seul, à Versailles ?

— Eh ! qui donc est absolument seul sur la terre, bon monsieur Jackal.

— Je n'ai pas de temps à perdre à écouter vos sottises. Gibassier, c'est vous qui avez dirigé l'enlèvement de la jeune fille du pensionnat de madame Desmarets ?

— C'est la vérité, monsieur Jackal.

— Et, en récompense, vous avez reçu les cinq mille francs en question.

— Vous voyez bien que je ne les ai pas volés ; car, enfin, si je n'étais pas condamné aux galères à perpétuité, j'en avais au moins pour vingt ans de plus.

— Qu'est devenu cette jeune fille, une fois aux mains de M. Lorédan de Valgeneuse.

— Ah ! vous savez donc ?

— Je vous demande ce qu'est devenue cette jeune fille, après que mademoiselle Suzanne vous l'eut livrée.

— Ah ! monsieur Jackal ! si monsieur

Delaveau vous perdait, quelle perte pour lui et pour la France.

— Je vous demande ce qu'est devenue cette jeune fille, Gibassier ?

— Quant à cela, je l'ignore entièrement.

— Faites attention à ce que vous dites.

— Monsieur Jackal, foi de Gibassier, nous l'avons mise en voiture, la voiture est partie, et nous n'en avons plus jamais entendu parler. J'espère que ces jeunes gens sont heureux, et que par conséquent j'aurai, pour ma part, contribué au bonheur de deux de mes semblables.

— Et vous, qu'êtes-vous devenu depuis ce jour, l'ignorez-vous aussi.

— Je suis devenu économe, bon monsieur Jackal, et j'ai cherché, sachant que la clé d'or ouvrait toutes les portes, à me créer un état honorable au milieu de cette intelligente et laborieuse cité de Paris. Or, j'ai passé en revue toutes les professions et n'en ai trouvé qu'une à mon goût.

— Peut-on savoir laquelle?

— Celle d'agent de change. Malheureusement, je n'avais pas les capitaux nécessaires pour acheter, soit un quart, soit un demi ; mais pour être prêt à tout événement, dans le cas où la Providence, comme dit le pauvre Gabriel, jetterait les yeux sur moi, j'allai chaque jour à la Bourse m'initier aux mystères du grand œuvre. Je compris l'agiotage et je rougis honteusement d'avoir si mal volé toute ma vie, en voyant combien il était plus facile de gagner son existence de cette façon. Je fis donc la connaissance de plusieurs agioteurs distingués, qui, reconnaissant en moi une perspicacité peu commune, me firent bientôt l'honneur de me consulter sur la hausse et la baisse, en me donnant une petite part dans leurs bénéfices.

— Et ces consultations vous réussirent.

— C'est-à-dire, bon monsieur Jackal,

qu'en un mois, je réalisai trente mille francs, le double, le triple, le quadruple de ce que j'avais gagné dans toute ma laborieuse vie, et une fois à la tête de cette petite fortune, je devins honnête homme.

— Alors, vous devez être méconnaissable, dit M. Jackal en tirant un briquet phosphorique de sa poche et en allumant un petit rat de cave qu'il avait toujours sur lui, et qui éclaira le fond du puits, de manière à ce qu'il pût en effet reconnaître le pénitent Gibassier, tout souillé de fange, tout couvert de sang.

III

Où étaient passés les soixante hommes que cherchait M. Jackal.

M. Jackal demeura un instant en contemplation devant le forçat.

Il éprouvait une satisfaction visible, une satisfaction d'artiste, à se retrouver avec les quatre as dans la main, en face de cet habile joueur.

C'est bien, en effet, dit-il, votre noble visage, Gibassier; les années ont passé sur votre front comme des ombres légères, ne laissant nulle trace; et à propos d'ombres, faites-moi donc le plaisir de prendre cette lumière et de m'éclairer, j'ai un mot pressé à écrire.

Gibassier prit le rat de cave, M. Jackal tira un carnet de sa poche inépuisable, déchira une feuille de papier et se mit à écrire sur son genou à l'aide d'un crayon, tout en disant à Gibassier de continuer son récit.

— La suite de mon histoire est lugubre, dit le forçat. Étant riche, j'ai eu des amis ; ayant des amis, j'ai eu des ennemis. Cette fortune amassée au prix de mes sueurs m'a rendu le point de mire de tous les déshérités ; de sorte qu'hier soir, au moment où je revenais de chez mon banquier, j'ai été pris au collet, terrassé, assassiné, dépouillé, et finalement précipité dans le puits où je viens d'avoir l'honneur de vous rencontrer.

M. Jackal se releva, attacha avec une épingle le papier sur lequel il venait d'écrire ses instructions au bout de la corde, et cria à ses argousins :

— Tirez.

Le papier s'envola comme un papillon de nuit, du fond du puits sur la terre, et la corde, veuve de son léger fardeau, redescendit rapidement.

Un des argousins s'en alla sous un réverbère et lut :

« Je vais vous envoyer un individu que vous garderez précieusement, il vaut son pesant d'or.

» L'individu aux mains de quatre d'entre vous, qui le conduiront à l'hôpital et le garderont à vue, vous me redescendrez la corde. »

— Votre histoire est fort touchante, cher monsieur Gibassier, dit M. Jackal en voyant redescendre la corde, mais après les heures orageuses que vous avez passées, vous devez avoir besoin de repos. Les nuits sont encore fraîches en cette saison, permettez-moi de vous offrir un abri plus sûr, un logement plus hygiénique.

— Vous êtes mille fois bon, monsieur Jackal.

— Point du tout, entre vieilles connaissances.

— Alors, c'est à charge de revanche.

— La reconnaissance vous pèse-t-elle déjà?

— Peut-être, dit philosophiquement Gibassier, est-il plus difficile de recevoir un service que de le rendre.

— Les anciens ont écrit de fort belles choses là-dessus, Gibassier, mais en attendant que nous reprenions ailleurs cette intéressante conversation, arrangez-vous pour vous attacher le plus solidement possible à cette corde ; vous savez où le bât vous blesse, c'est à vous de vous accommoder de votre mieux.

Gibassier fit un nœud coulant au bas de

la corde, passa ses pieds dans l'œillet, s'accrocha des mains à la corde et cria :

— Tirez !

— Bon voyage, mon cher Gibassier, dit M. Jackal en suivant avec un vif intérêt une ascension que dans peu d'instants il allait faire, lui.

— Bien, fit-il en le voyant disparaître à fleur d'air.

Puis, haussant la voix :

— Renvoyez vivement la corde, cria-t-il,

je commence à trouver le plancher humide.

La corde redescendit. M. Jackal passa le porte-mousqueton dans sa ceinture, s'assura que les ardillons étaient bien bouclés, cria pour la troisième fois : Tirez ! et commença l'ascension à son tour.

Mais à peine s'était-il élevé à la hauteur de dix mètres, qu'il cria :

— Halte !

La corde obéissante s'arrêta.

— Ouf! dit M. Jackal, que diable vois-je donc là ?

En effet, il lui était difficile de se rendre compte de ce qu'il voyait, tant ce qu'il voyait se présentait à lui sous un aspect fantastique.

A travers une énorme éraillure pratiquée à une des parois du puits, le regard de M. Jackal plongeait sous des voûtes sombres comme celles d'une carrière, coupées par de grandes portions d'ombre et de lumière.

Cette lumière venait d'une dizaine de torches attachées aux piliers d'une espèce de carrefour, et éclairant une réunion d'une soixantaine d'hommes.

L'assemblée avait lieu à deux cents pas à peu près de M. Jackal.

Ces hommes paraissaient réunis pour une affaire de la plus haute importance, car ils se pressaient autour d'un orateur qui parlait avec feu et gesticulait avec véhémence.

— Tiens, tiens, tiens, fit M. Jackal.

Puis après quelques secondes de contemplation :

— Où diable sont ces hommes, et que font-ils là? se demanda le chef de police.

Et, en effet, ainsi éclairés par le reflet des torches, n'eût été le costume moderne, on les eût pris pour les sorciers de la ballade arrivant au sabbat.

M. Jackal tira de sa poche une lunette, chef-d'œuvre de l'ingénieur Chevalier, laquelle, dans son plus grand développement, atteignait six ou huit pouces de long, et qu'il portait toujours sur lui, la braqua sur le singulier spectacle qu'il avait devant les yeux et chercha à deviner ce dont il était question.

Grâce au reflet des torches et à la perfection de son instrument, M. Jackal put voir que la physionomie de chacun des individus qui composaient le nocturne conciliabule exprimait le ravissement le plus complet. Tous étaient dans l'attitude où sont les membres d'une assemblée quand un orateur célèbre fait un discours sympathique, les oreilles tendues, les yeux fixés vers le personnage qui discourait, les lèvres entr'ouvertes, chaque visage exprimait l'attention la plus soutenue, et cette attention, comme nous venons de le dire, semblait s'élever par degrés jusqu'au plus complet ravissement.

Soit que la voix de l'orateur fût faible, soit qu'il parlât doucement avec intention, soit que la distance à laquelle M. Jackal se trouvait du groupe fût trop grande, M. Jackal, quelque attention qu'il prêtât, et si fin et si exercé que fût chez lui le sens de l'ouïe, n'avait pas encore, au bout de cinq minutes d'attention, pu entendre un traître mot de ce qui se disait dans le groupe mystérieux.

Au reste, une partie de ces personnages semblait à M. Jackal ne lui être pas complètement inconnue; néanmoins, il eût été bien embarrassé de mettre un nom sur les figures, ou même d'assigner une profession quelconque à aucun de ceux qu'il avait sous les yeux.

Vêtus à peu près uniformément de

grandes redingotes brunes ou bleues boutonnées jusqu'au menton, la lèvre supérieure presque généralement ombragée d'une moustache longue, épaisse et grisonnante, il n'était pas difficile, pour un physionomiste comme M. Jackal, de reconnaître là de vieux militaires.

Ceux qui n'avaient pas de moustaches, le nombre en était inférieur, ceux qui n'avaient pas de moustaches, bien qu'ils affectassent les mêmes dehors que leurs compagnons, étaient tout simplement des bourgeois paisibles, et la placidité de leurs figures, que ne pouvait rébarbativer l'enthousiasme dont ils étaient atteints, témoignait suffisamment de leurs professions peu belliqueuses.

M. Jackal avait certainement vu celui-ci, honnête boutiquier de la rue Saint-Denis, sur le pas de sa porte, souriant aux passants, essayant d'attirer la pratique dans son magasin par un regard affable, par une mine engageante.

Il avait vu cet autre dans une antichambre quelconque, soit la chaîne au cou comme huissier, soit la chaîne au pied comme solliciteur; enfin, aucun d'eux ne lui était entièrement étranger, quoique nul ne lui fût particulièrement connu.

Mais ce qu'il connaissait encore moins que les personnages, c'était le décor du théâtre.

Accrochons-nous à la corde de M. Jackal, elle est assez solide pour nous porter tous deux, et même tous trois, cher lecteur, et tâchons de reconnaître la mystérieuse et funèbre localité où se passe la scène qui nous reste à vous raconter.

Êtes-vous passé quelquefois, chers lecteurs, dans la halle aux Vins, et avez-vous eu la curiostté d'inspecter un de ces longs tunnels qu'on appelle des caves ?

En regardant d'une porte à l'autre, et en apercevant le jour à l'autre bout de ces voûtes gigantesques, il semble que l'on doive mettre des heures à parcourir cette immense et ténébreuse avenue qui vous sépare du point lumineux que vous apercevez ; eh bien ! le décor que M. Jackal avait sous les yeux représentait un de ces immenses souterrains aboutissant à une sorte de carrefour éclairé, comme nous l'avons dit, par les torches des personnages qui le peuplaient momentanément.

— Ah ! morbleu ! j'y suis, s'écria tout à coup M. Jackal, en se frappant le front d'un mouvement si brusque et si inconsidéré qu'il faillit perdre l'équilibre, et que le mouvement qu'il donna à la corde lui fit faire pendant quelques secondes un mouvement de rotation semblable à celui d'un poulet qui rôtit au bout d'une ficelle.

Ce mouvement finit par se calmer, et

M. Jackal en fut quitte pour la perte de ses lunettes qui tombèrent au fond du puits.

Mais M. Jackal fouilla dans cette poche fantastique que nous avons déjà dite, en tira un étui, et de cet étui une seconde paire de lunettes qu'il s'ajusta, non pas sur le nez, mais sur le front ; seulement les verres de ces lunettes, au lieu d'être teintés de bleu, étaient teintés de vert.

— J'y suis, continua M. Jackal, voilà mes soixante gaillards, et je sais maintenant où ils sont passés. Nous sommes dans les Catacombes. Ah ! ah ! ah ! et M. le préfet de police qui prétend en connaître toutes les issues.

Et, en effet, M. Jackal était dans le vrai ; cette voûte, qui se déroulait sous ses yeux, ce carrefour, qui bornait sa perspective, c'était un coin de l'immense et funèbre souterrain qui s'étend de Montrouge à la Seine, et du Jardin-des-Plantes à Grenelle.

Quant à M. le préfet de police, comme le faisait judicieusement observer M. Jackal, il avait bien tort lorsqu'il prétendait connaître toutes les issues de l'immense ossuaire. Les issues des Catacombes dépendent numériquement du caprice du premier habitant de la rive gauche, puisque, pour ajouter une issue nouvelle aux mille issues qu'elles ont déjà, il suffit, comme dans le faubourg Saint-Marcel, de creuser un trou de vingt-cinq à trente pieds.

Au moment où M. Jackal venait de faire, à sa grande-joie, bien qu'un peu tardivement, cette importante découverte, il entendit le bruit éclatant de bravos et d'applaudissements, suivis de ce cri quelque peu séditieux à cette époque :

— Vive l'empereur !

— Vive l'empereur ! répéta M. Jackal, se mêlant innocemment à la sédition. — Ah ça, mais ils sont stupides; il y a six ans qu'il est mort, l'empereur.

Et comme pour éclaircir ses idées, avec une difficulté inouïe dans sa position, M. Jackal fouilla à sa poche, en tira sa tabatière et se fourra avec rage une prise de tabac dans le nez.

Le même cri fut poussé une seconde fois, mais avec plus d'enthousiasme encore que le premier.

— Volontiers, dit M. Jackal, mais je vous répète que l'empereur est mort. M. de Béranger a même fait une chanson là-dessus.

Et il se mit à fredonner :

Des Espagnols m'ont pris sur leur navire.

M. Jackal savait toutes les chansons de Béranger.

M. Jackal fut interrompu dans son fredonnement par un troisième cri de vive l'empereur !

Puis tous les personnages, un instant agités et confus, reprirent leurs places, à l'exception d'un seul qui resta debout et qui sembla vouloir faire un discours comme le premier orateur.

— Après tout, dit M. Jackal, qui continuait de rêver à ce que pouvait être cet étrange conciliabule, ces braves gens sont peut-être de vieux militaires inoffensifs qui vivent là depuis 1815, et qui ne savent pas encore la mort de leur empereur; il y aurait vraiment charité à leur apprendre cette nouvelle; quel malheur de ne pouvoir assister de plus près à leurs ébats et d'être privé du plaisir de leur conversation, qui doit être aussi pittoresque que celle d'Épiménide, si, comme je le présume, ils vivent depuis douze ans dans ce pays-ci.

Tout à coup, une idée vint à M. Jackal.

— Mais, dit-il, pourquoi donc n'entendrais-je pas ce que va dire l'orateur? il ne dépend que de moi, il me semble.

. Puis, relevant la tête vers l'orifice du puits ;

— Tenez-vous toujours fermes là-haut, cria-t-il.

— Oh! n'ayez pas peur, monsieur Jackal.

— Alors, descendez-moi d'un pied ou deux.

L'ordre fut aussitôt exécuté que donné.

Alors, grâce à sa canne avec laquelle il pouvait toucher les parois du puits, M. Jackal donna à la corde un mouvement d'oscillation pareil à celui du balancier d'une pendule, mouvement qui, arrivé à un certain point, lui permit de passer à travers l'ouverture du puits, de s'accrocher à une pierre et de prendre pied sur le même terrain que ceux dont il voulait surprendre les secrets.

Une fois sur la terre ferme, il décrocha le porte-mousqueton de sa ceinture, et se penchant vers le puits où pendait de nouveau la corde :

— Tenez-vous là, enfants, cria-t-il aux argousins, et ne bougez pas que je ne vous le dise.

M. Jackal, à pas aussi légers que l'animal dont il portait le nom, s'avança vers le carrefour où se tenait la réunion napoléonienne.

IV

Les Catacombes,

Chapitre qui, à la volonté du lecteur, fait ou ne fait point partie des *Mohicans.*

Que nos lecteurs nous permettent, arrivés où nous en sommes, c'est-à-dire, au moment où M. Jackal, complétement caché dans l'ombre que projette un des piliers massifs qui soutiennent la voûte colossale, s'apprête à écouter les paroles qui vont sortir de la bouche du nouvel orateur, que nos lecteurs nous permettent de jeter un regard sur ces Catacombes, où nous aurons plus d'une fois, dans le cours de ce livre, occasion de descendre à la suite des conspirateurs.

Nous retrouverons M. Jackal au même endroit et nous tâcherons que notre excursion soit assez courte pour qu'à notre retour, l'orateur n'ait pas encore commencé son discours.

Vers la fin de l'hiver dernier, sachant que nous aurions à décrire les Catacombes, nous avions manifesté le désir de les visiter. Alors, sur la demande d'un de nos plus célèbres mathématiciens, M. Bertrand qui était déjà, il y a peu d'années, au reste, un de nos savants les plus célèbres, à l'âge où l'on bégaie d'ordinaire les premières lettres du livre de la science, monsieur l'ingénieur des mines nous envoya un permis de visite et de circulation dans les Catacombes.

Le jour de la visite arriva, et comme toujours ou presque toujours, il me fut impossible de profiter de la permission de M. l'ingénieur des mines. Ce travail éternel qui me cloue à mon bureau, refusait de contresigner ce congé de quelques heures.

J'appelai Paul Bocage, mon premier

aide-de-camp ; je lui tendis la permission, et je lui dis :

— Allez, cher ami, je verrai par vos yeux, aussi bien et peut-être mieux que par les miens.

Le même soir, Paul Bocage revint.

Il voulut me raconter ce qu'il avait vu.

— Je n'ai pas le temps de vous écouter, lui dis-je, mettez-vous là et faites-moi votre rapport.

Voici le rapport de Paul Bocage, nous le

mettons textuellement sous les yeux de nos lecteurs :

Rapport au maëstro sur les Catacombes.

Aujourd'hui, 12 octobre 1853, à une heure de l'après-midi, nous partîmes pour la barrière d'Enfer par une de ces belles journées de soleil, dont l'hiver semble avoir accaparé le privilége. Avec nous, était une jeune, grande et belle personne, aux yeux bleus, qui s'en venait gaîment visiter cette souterraine nécropole, avec l'insouciance des roses qui fleurissent autour des tombeaux, avec cet audacieux sourire du défi de la jeunesse à la mort.

En arrivant au pavillon de la barrière d'Enfer, on nous donna à chacun (il y avait une soixantaine de personnes environ), on nous donna à chacun une bougie et un avis.

La bougie, c'était pour voir clair dans les souterrains ; l'avis, c'était de ne pas allumer la bougie.

Ces deux dons contradictoires nous surprirent momentanément mais nous furent bientôt expliqués.

Nous attendions là depuis une heure environ, quand la porte de l'escalier qui conduit aux Catacombes s'ouvrit tout à coup, et donna passage à une centaine d'ombres qui semblaient avoir forcé les portes de leur tombe pour revoir la lumière du jour.

Les visages de toutes les personnes qui firent tout à coup irruption dans la cour où nous attendions étaient pâles, verts, violets, décomposés, du ton livide que peut produire sur la chair les dix premières heures de la mort.

Ces ombres, ou plutôt ces visiteurs, qui nous avaient précédé, et au nombre desquels était un bel Égyptien, que les gens qui savent tout appelaient autour de nous, je ne sais pas pourquoi, Reschid-Pacha,—ces visiteurs pâles et hâves avaient passés deux heures à fouler des ossements, à côtoyer des crânes, des tibias, des fémurs, des squelettes entiers, et comme s'il n'était pas permis de toucher impunément aux dépouilles des êtres, ils avaient gardé quelque chose de la teinte cadavéreuse des os de leurs sinistres hôtes.

Je regardai ma compagne. Ses yeux bleus ne se rembrunirent pas, l'incarnat de ses joues ne s'affaiblit pas, elle était enjouée, pleine de vie et de force ; elle s'appuya sur mon bras, et me dit gaîment, en voyant que nos compagnons commençaient à entrer, comme si nous allions assister à la représentation de quelque pièce de la foire :

— Suivez le monde !...

Et nous entrâmes...

Je serais bien tenté de faire un rapide historique des Catacombes, mais je préfère procéder comme j'ai fait tout le cours de ce roman : montrer l'effet avant de dire la cause.

Je vais donc décrire d'abord les Catacombes telle que je les ai vues, empruntant la description locale à l'excellent livre de M. Hericart de Thury, ingénieur des mines, et inspecteur des travaux souterrains, livre publié vers 1815.

A quelques ouvrages de consolidations faits depuis cette époque, elles sont en ce moment dans l'état à peu près où M. Hericart de Thury les a écrites.

Disons, en passant, qu'en entrant dans ce souterrain, nous avions le cœur serré et le cerveau rempli de l'histoire de toutes les Catacombes du passé (1), depuis celle

---

(1) Catacombes d'Égypte, de la Phénicie, de la Paphlagonie et de la Cappadoce, de la Crimée, de la Perse, de la Grèce, de l'Asie-Mineure, des Guanches, de l'intérieur de l'Afrique, de la Scythie et de la Tartarie, des

du pays de Chanaan, où Abraham, étranger dans Hebron, demande aux habitants la permission de déposer Sara dans les tombeaux de leurs ancêtres :

Advena sum et peregrinus apud vobis. Date mi jus sepulcri vobiscum, ut sepeliam mortuum meum. (Génes. chap. XXIII.) Depuis, disons-nous, les Catacombes de Chanaan jusqu'aux cavernes souterraines des Indiens de Mayras près de la rivière des Amazones.

Trois escaliers communiquent de la surface de la terre dans les Catacombes : le

deux Bucharies, de l'Étrurie, de Rome, de Toscane, de Naples, de Sicile, de Malte, de Gozo, de l'île Lipari, d'Espagne, des Gaules, de France, d'Angleterre, d'Allemagne, de Suède, de l'Amérique septentrional cet méridionale, premier est situé dans la Cour du pavillon occidental de la barrière d'Enfer ou d'Orléans (c'est celui par lequel nous sommes descendus);

Le second à la Tombe-Issoire; il fut fait lors de l'établissement, et condamné vers l'année 1794, époque de la vente du domaine de la Tombe-Issoire;

Le troisième, enfin, dans la plaine de Montsouris, sur le bord de la Voie-Creuse, ou ancienne route d'Orléans, à peu de distance de l'aqueduc souterrain d'Arcueil.

Trois portes ferment l'enceinte des Catacombes : l'une à l'Ouest, connue sous ce nom, et par laquelle on arrive communément ;

La seconde à l'est, appelée la Porte du Port-Mahon ; elle n'est point ouverte au public, elle n'est destinée que pour le service du monument ;

La troisième au sud, près la Tombe-Issoire, dont elle a pris le nom.

C'est par l'escalier de la barrière d'Enfer que l'on descend le plus généralement ; c'est donc de ce point que nous allons tracer l'itinéraire du touriste aux Catacombes, en lui faisant observer, en passant, les objets et les curiosités les plus remarquables de la route.

Le pied de l'escalier est appuyé sur la masse de pierres qu'on peut reconnaître avant de descendre des dernières marches. La hauteur totale, de la surface au sol de la galerie, est de dix-neuf mètres quatorze centimètres, qu'on descend au moyen de quatre-vingt-dix marches.

A sept ou huit mètres de l'escalier, on trouve la galerie de l'Ouest qui est à l'aplomb de la rangée occidentale des arbres de la route d'Orléans. Cette route était entièrement encavée : l'inspection en a fait remblayer exactement les excavations, et, suivant son système de consolidation, elle s'est ménagé de gauche et de droite, à l'aplomb des deux rangées des arbres, une grande galerie de service avec des traverses qui recoupent le massif du dessous de la chaussée de distance en distance.

Dans la galerie de l'est de la route d'Orléans, on reconnaît les exploitations ou les travaux des anciens. En suivant cette galerie vers le nord, on voit, dans la partie inférieure du banc d'appareil qui lui sert de ciel, un échantillon remarquable du criblage ou forage des couches.

L'extrémité nord, qu'on suit dans une longueur de cinquante ou soixante mètres, à cause des éboulements et des fontis qui se trouvent sur la ligne directe de l'escalier aux Catacombes, ramène sous la demi-lune intérieure du côté du pavillon oriental de la barrière d'Enfer, près des murs et contre-murs qui ont été construits pour former la communication des vides de l'intérieur et de l'extérieur de Paris, à l'effet d'empêcher la contrebande, qui se faisait anciennement par-dessous terre, pour éviter des droits d'octroi.

Après avoir suivi, environ pendant cent mètres, la galerie pratiquée sous la contre-allée du boulevard Saint-Jacques, du côté du midi, sous un ciel fracturé, fendu, lézardé, diversement incliné, ruisselant de gouttes d'eau, qui étincellent comme des diamants à la lueur des torches, on trouve les grands ouvrages de consolidation de l'aqueduc d'Arcueil.

On laisse à sa gauche les murs et contre-murs faits contre la fraude des droits d'octroi.

On suit l'aqueduc d'Arcueil, un des ouvrages dus à la passion de Marie de Médicis pour l'architecture. Cet aqueduc, construit par Jean Loing, maître maçon, par traité passé le **18 octobre 1612**, pour la somme de **460,000** livres, fut commencé le **11 juillet 1613**, et achevé en **1624**. Il avait pour but de recueillir les sources situées dans le plateau de Rungis et de Cachant, et que l'empereur Julien avait anciennement fait conduire à son palais des Thermes, rue de La Harpe, par un aqueduc dont on voit encore des restes remarquables à Arcueil, derrière les constructions de Marie de Médicis. Ce premier aqueduc, dont l'ancien cours a été en grande partie reconnu dans la plaine de Montsouris et de la Glacière (cette prairie connue de tous les patineurs de Paris), avait été ruiné par le fait de l'exploitation des carrières.

Le nouvel acqueduc d'Arcueil fut construit avec une magnificence vraiment digne des Romains, comme nous l'avons dit, par

Marie de Médicis, qui en posa la première pierre avec Louis XIII, en présence des principaux seigneurs de sa cour, du gouverneur, du prévôt et des échevins de la ville de Paris, le 15 juillet 1613.

Depuis Arcueil jusqu'à Paris, l'aqueduc forme une grande galerie souterraine, qui fut établie dans quelques parties de la plaine de Montsouris, sur des carrières très anciennes et alors inconnues ; les infiltrations, les pertes d'eau, les tassements et les affaissements qui en furent la suite, l'éboulement d'une partie de l'aqueduc, l'inondation de toutes les carrières et l'interruption du service des fontaines de Paris, que les eaux de Rungis alimentent, obligèrent à faire de très grands travaux de restauration.

Les premiers ouvrages de consolidation datent de 1777. Ils furent faits en grandes pierres d'appareils auxquelles on a depuis substitué une maçonnerie de moëllon de roche, à mortier de chaux et de sable, comme moins dispendieuse et plus facile à exécuter dans les souterrains, et d'ailleurs plus que suffisante pour le but qu'on se proposait.

L'endroit le plus favorable pour bien juger et reconnaître ces opérations sur le chemin des Catacombes, est à quatre-vingt-dix mètres sud du boulevart Saint-Jacques. Dans cet endroit, on voit à découvert le massif fait sous le cours de l'aqueduc, les deux galeries longitudinales de l'est à l'ouest, et leurs murs de contreforts. Une ligne rouge au ciel de la galerie indique le milieu du chenal.

Le chemin le plus court pour se rendre de cet endroit aux Catacombes, est de suivre tout le cours de l'aqueduc dans l'une ou l'autre de ces galeries inférieures, sur une longueur de deux cent cinquante mètres ; mais on fait ordinairement prendre le chemin des doubles carrières, dit du Port-Mahon, pour faire voir les grandes excavations faites par les anciens. C'est donc celui que nous allons décrire.

On se dirige au sud-ouest par une galerie irrégulière de deux cents mètres environ de longueur, pratiquée dans les vides et remblais des anciens. Cette galerie, après quelques sinuosités, va aboutir à l'aplomb de l'ancienne route d'Orléans, près du boulevart extérieur de la barrière Saint-Jacques ou d'Arcueil, en passant sous l'aqueduc de l'empereur Julien.

Malgré les piliers de pierre et les remblais de terre, les tassements ont fait éprouver leur puissance avec tant de force sur cette partie, que la grande construction n'a pu résister et que tous les piliers voisins sont également écrasés.

Plus loin, on voit une longue suite de

piliers en pierre sèche, grossièrement ébauchés, élevés de gauche et de droite sur deux lignes de remblai, travaux exécutés en 1790, par l'ordre de Louis XVI.

Après plusieurs sinuosités dans les remblais des anciennes carrières, on trouve un escalier pratiqué dans les tailles d'un atelier inférieur. Un des ouvriers de l'inspection des carrières, le nommé Decare, dit Beauséjour, ancien militaire vétéran, reconnut cette carrière en 1777, par un éboulement de couches de pierres qui la séparait de la carrière supérieure. L'étendue du local et sa disposition naturelle, l'engagèrent à y former un petit atelier particulier, où il venait prendre ses repas tandis que les autres ouvriers remontaient à la surface de la terre.

Peu après son établissement dans cette double carrière, Decare, se rappelant sa longue captivité dans les casemates des forts du Port-Mahon, résolut d'en faire un plan en relief dans les couches des bancs de lambourde, qui, d'ailleurs, assez tendres, sont effectivement susceptibles d'être sculptées.

(Sous le nom de lambourde, on comprend les bancs de pierre calcaire grenue, tendre, et de même qualité, ou ne différant les uns des autres que par un léger degré de dureté. On ne peut guère les distinguer que par les nuances, et quelquefois par une petite veinule de marne qui se perd même souvent dans la masse. Les lambourdes sont d'un blanc jaunâtre et composées d'une pâte grossière, qui n'est, à proprement parler, que l'agrégat d'une multitude de coquilles brisées.)

Decare se mit donc à l'œuvre. Il travailla sans relâche à son relief du Port-Mahon pendant cinq années consécutives, de 1777 à 1782. Quand il l'eût terminé, il fit un vestibule orné d'une grande mosaïque en silex noir.

Au bout de ces cinq années de travaux exécutés dans l'ombre, le silence et la solitude, l'entrée de son atelier étant à peu près impraticable pour tout autre que pour lui, Decare voulut compléter ses travaux par la construction d'un escalier commode, taillé dans la masse. Une fois le projet conçu, il se mit à l'œuvre. L'escalier avançait, malheureusement en élevant le dernier pilier, il se fit un terrible éboulement, et le courageux Decare, dangereusement blessé, périt peu de temps après.

Pour conserver la mémoire de ce grand ouvrier, de cet artiste inconnu, on fit graver l'inscription suivante sur une table de pierre près du Port-Mahon, avec la plaque d'honneur des vétérans.

Cet ouvrage fut commencé en 1777 *par* DECARE *dit* BEAUSÉJOUR, *vétéran de Sa Majesté, et fini en* 1782.

On avait conservé sa table et ses bancs de pierre dans un endroit, qu'en termes de carrière, on appelle taille, chambre ou atelier, et que le malheureux Decare appelait son salon. En 1787, le comte d'Artois, et plusieurs dames de la cour, qui visitaient le Port-Mahon, déjeûnèrent dans ce salon sur la table de Decare.

Depuis, le relief a disparu à peu près, mutilé par la main des hommes, ou noyé sous les larmes des voûtes. Il en restait pourtant encore assez de vestiges pour juger de la patience, de la mémoire et du talent naturel de cet ouvrier, qui fut peut-être devenu au soleil un de nos plus grands sculpteurs.

Le Port-Mahon n'est pas la seule curiosité que cette carrière offre aux visiteurs ; on voit encore les traces d'un éboulement du plus grand effet dans les bancs de pierre qui séparaient les deux carrières.

Les rochers sont rompus, fracassés, isolés les uns des autres, épars çà et là, comme si la tempête avait passé dans ces souterrains, entassés confusément pêle-mêle, les uns au-dessus des autres, prêts à s'abîmer ; une faible pierre, un moellon saisi dans sa chute au milieu de sa course a été saisi au passage, et étreint par deux blocs énormes, lors du grand éboulement. Il semble la clé de voûte de cet édifice étrange. Vu à distance, cet ensemble de rochers rappelle les récifs les plus sauvages des côtes de Bretagne. Si votre conducteur vous abandonnait tout à coup au milieu de ces ruines, les terreurs de l'inconnu vous monteraient au cœur, car nulle part le mot du chaos n'est écrit en caractères plus terribles et plus ineffaçables.

A cent mètres environ de l'escalier de Decare, à la rencontre de deux chemins, on voit un grand pilier taillé dans la masse par les anciens, et sur le bord du chemin un autre pilier revêtu d'incrustations d'albâtre calcaire gris et jaunâtre.

A quatre-vingts mètres de là, on trouve le vestibule des Catacombes, construit en 1811. Ce vestibule, dans lequel on arrive par un corridor de six mètres de longueur, est de forme octogone. Deux bancs de pierre ont été placés sur les grands côtés, et, de gauche et de droite de la porte, sont deux piliers qui portent l'inscription du cimetière Saint-Sulpice :

> Has ultrà metas requiescunt
> Beatam spem expectantes.

Sur le linteau de la porte d'entrée des Catacombes, taillé dans la roche même, on lit cette phrase en douze syllabes, de l'abbé Delille :

> Arrête! c'est ici l'empire de la mort.

Et on entre dans les Catacombes.

Je regardai ma belle compagne ; j'espérais vaguement que ce vers de l'abbé Delille produirait sur elle un certain effet.

Soit que ma compagne ne prît pas la mort au sérieux, ou qu'elle prît le vers de l'abbé Delille au plaisant, je ne la vis point sourciller.

Et j'entrai avec elle dans les Catacombes, enviant et admirant cette puissance de la beauté, de la force et de la jeunesse, qui ne doute de rien...

Je me rappelai que, quelques mois avant, j'avais vu deux Anglaises déjeûner sur le vieux gazon de la rue des Tombeaux, à Pompéi. Après avoir examiné la collection minéralogique, la collection pathologique et la crypte de Saint-Laurent, on voit l'autel des Obélisques, copié sur un tombeau antique, découvert entre Vienne et Valence, sur les bords du Rhône.

A droite et à gauche de l'autel sont deux piédestaux construits en ossements.

Plus loin, on aperçoit un monument sépulcral appelé le sarcophage du Lacrymatoire, ou tombeau de Gilbert, à cause des vers qui servent d'inscription :

<pre>
    Au banquet de la vie infortuné convive,
        J'apparus un jour, et je meurs ;
    Je meurs, et, sur la tombe où lentement j'arrive,
        Nul ne viendra verser des pleurs.
</pre>

A quelques pas de là, on fait remarquer

une lampe sépulcrale, lampe en forme de coupe antique, portée sur un piédestal ; à droite de la lampe, un grand pilier cruciforme, ou la croix triangulaire, appelé le pilier du *Memento*, parce que, sur ses trois faces, il présente ces paroles vraies, quoique peu consolantes :

Memento quia pulvis es,
Et in pulverem reverteris.

A quoi bon s'escrimer à sortir de la poussière pour y rentrer... Enfin !...

Derrière le pilier du *Memento* est celui de l'*Imitation*, qui a reçu le nom de ses quatre inscriptions tirées de l'*Imitation de Jésus-Christ*.

On arrive à un endroit dit la Fontaine de la Samaritaine. On a donné ce nom à une source découverte dans le sol des Catacombes, par les ouvriers, qui y avaient établi un réservoir pour recueillir l'eau nécessaire à leur usage.

Cette fontaine a été désignée d'abord sous le nom de Source du *Lethé ou de l'Oubli*, à cause de ces vers de Virgile :

> . . . . . Animœ quibus altera fato,
> Copora debentur Lethœi ad fluminis undam,
> Securos latices et longa oblivia potant

que l'abbé Delille (déjà nommé) a traduits de cette malplaisante façon :

> Tu vois ici paraître
> Ceux qui, dans d'autres corps, un jour doivent renaître;

Mais avant l'autre vie, avant ses durs travaux
Ils cherchent du Léthé les impassibles eaux ;
Et dans le long sommeil des passions humaines,
Boivent l'heureux oubli de leurs premières peines.

M. Héricart de Thury, dans le livre duquel je prends, comme je vous l'ai dit, tous ces détails, n'a probablement pas été ravi de ce madrigal funèbre de l'abbé Delille, car il a fait substituer ces paroles de Jésus-Christ à la femme samaritaine, au puits de Jacob, près de la ville de Sichar:

Omnis qui bibit ex aqua hac, sitiet iterum. Qui autem biberit ex aqua, quam ego dabo ei, non sitiet in æternum, sed aqua quam ego dabo ei, fiet in eo fons aquæ salientis in vitam æternam. (Evang. selon saint Jean, ch. IV, ver. 13-14.)

Quiconque boit de cette eau aura encore soif, au lieu que celui qui boira de l'eau que je lui donnerai, n'aura jamais soif, et l'eau que je lui donnerai deviendra, en lui, une fontaine d'eau, qui rejaillira jusque dans l'autre vie.

Quatre poissons rouges, cyprins dorés ou dorades chinoises, ont été jetés dans le bassin de la fontaine de la Samaritaine, le 25 novembre 1813. Depuis ce temps, ces dorades se sont parfaitement apprivoisées. Elles répondent aux signes et à la voix du conservateur; elles paraissent avoir fait quelques progrès, mais elles n'ont jusqu'à ce jour donné aucun signe de reproduction. — (Je le crois bien !) Leur belle couleur s'est conservée ; elle est aussi vive que le premier jour sur trois d'entre elles, mais la quatrième présente quelques nuances qui la distinguent des autres.

Les ouvriers de l'inspection croient avoir remarqué que ces dorades indiquent d'avance les changements de temps, et qu'elles restent à la surface de l'eau, ou qu'elles occupent le fond du bassin, suivant que le temps se met à la pluie ou au beau, au froid ou au chaud. — C'est possible, après tout, — et on aurait mauvaise grâce à contester à ces malheureux poissons ce dédommagement hygrométrique.

On voit, enfin, les tombeaux de la Révolution, l'escalier des Catacombes basses, le pilier des nuits Clémentines, ainsi nommé à cause des quatre strophes tirées du poème sur la mort de Ganganelli, Clément XIV, et on sort des Catacombes par la porte de l'est, ou de la Tombe-Isoire, au-dessus de laquelle on lit ce vers de Caton :

Nou metuit mortem. qui scit contemnere vitam.

Vers célèbre, qui m'a toujours semblé une naïveté; celui qui n'aime pas la vie n'ayant pas d'autre parti à prendre que d'aimer la mort.

Tel est l'itinéraire qu'on parcourt maintenant; à quelques travaux et quelques éboulements près, les Catacombes sont dans le même état pittoresque que du temps du bon Héricart de Thury.

Peu de Parisiens les ont visitées, et pas un Parisien, cependant, le guide du voyageur à la main, ne quitterait Naples sans avoir vu Pompéi et Herculanum. Pourquoi? je ne saurais le dire, sinon que le Parisien ressemble aux hommes mariés qui ne visitent que la femme des autres. — Parlez de tous les pays à un Parisien, de l'Italie, de la Suisse, de l'Allemagne, de l'Europe entière, mais ne lui parlez pas de Paris ; sur sa ville natale, il est d'une ignorance crasse; je puis le dire, je suis de Paris. — Il ne connaît dans sa ville que son quartier, dans son quartier sa rue, dans sa rue sa maison, et dans sa maison son étage. — Sortez-le de là, rien... J'ai demeuré rue Saint-Jacques pendant sept ans, sur le même palier qu'un individu dont je n'ai su le nom qu'en lisant *le Siècle*, à l'article des décès.

Il n'est donc pas étonnant que les Parisiens n'aient jamais visité les Catacombes, et que plus des deux tiers ignorent jusqu'à leur existence ! Quoi qu'il en soit, c'est un des plus beaux décors que je connaisse, et je l'ai visité comme un pays connu depuis longtemps.

Dans ce quartier Saint-Jacques, ou fleurissaient autrefois aux fenêtres des mansardes ces belles demoiselles qu'on appelait des grisettes, les Catacombes sont connues au moins par ouï-dire. Il n'est pas un propriétaire qui, en faisant un trou dans son puits, ne puisse, comme M. Jackal, pénétrer dans ces souterrains.

Du temps que j'étais enfant, je voyais, le dimanche, venant du côté de la porte Saint-Jacques, près du Panthéon, et se rendant à la barrière, les groupes de jeunes gens et de jeunes filles amoureusement enlacés.

Où allaient-ils ainsi, joyeux, jeunes, chantant, vivaces ?... Pendant longtemps, je l'ai ignoré. Le soir, quand on oubliait de me coucher, je les voyais revenir, non plus gais ni souriants, mais pensifs, les jeunes filles languissantes... les jeunes gens songeurs.

J'appris, quelque temps après, qu'ils revenaient des Catacombes.

Eh quoi! ces beaux jeunes gens, si étroitement enlacés qu'ils me semblaient des frères et des sœurs; eh quoi! ils avaient fait de ces souterrains funèbres des retraites d'amour, de ces tombeaux des lits de joyeux hyménée!

Oui... pour une pièce de trente ou quarante sous, le gardien de l'escalier ouvrait la porte... et ils entraient là joyeusement, n'écoutant aucune des recommandations du gardien, et ils s'enfonçaient, chacun dans un de ces immenses souterrains, grands comme des villes, songeant bien à mourir, vraiment, eux jeunes, forts, amoureux... et la vue de ces millions d'ossements ne les arrêtait pas...

Sur un des piliers de l'entrée de la crypte de Legouvé, ils lisaient ce vers de Ducis :

Nos jours sont un instant, c'est la feuille qui tombe...

Et ils effeuillaient cette fleur de la vie qu'on appelle le premier amour, sans respect du passé, sans souci de l'avenir, — le présent des amoureux n'est-il pas éternel!...

Un soir, le gardien attendit vainement le dernier groupe...

En vain, il appela; en vain, il descendit; en vain, il parcourut les mille souterrains de cette nécropole... rien...

Descendez encore aujourd'hui dans les Catacombes, marchez plus de temps que la durée de votre torche, et en vain vous aurez pris mille points de repère, vous ne vous retrouverez pas, vous ne reviendrez pas plus de là qu'un caillou jeté dans un gouffre.

C'est ainsi que les Catacombes englouti-rent les deux amoureux.

Le gardien pleura amèrement ; mais c'est la mère de la fillette qui fut à plain-dre... Son chagrin traversa toute notre rue... ses sanglots arrivaient jusqu'à ma fenêtre...

Un jour, je vous conterai ce drame en détail, maëstro, et vous frémirez...

Les plaintes de cette mère et de beaucoup d'autres obligèrent le gouvernement à fermer l'entrée des Catacombes au public, et il fallut des permissions extraordinaires pour les visiter.

Je les ai visitées cinq ou six fois, et, comme je vous l'ai dit, c'est un pays connu pour moi. Seulement il diffère pour moi des pays connus, en ceci, que je l'ai trouvé plus grand chaque fois que je l'ai revu.

Un récit écrit (celui-ci est déjà trop long) ne vous donnerait pas une idée nette des impressions que produit sur le visiteur le pays des Catacombes. Je préfère vous les raconter de vive voix. Comme vous le dites si justement, le récit écrit est mort, le récit parlé est vivant.

Je finirai en vous faisant un historique rapide des Catacombes.

On ne saurait déterminer précisément à quelle époque remonte l'origine des Catacombes, autrement dit des carrières, qui ont reçu au dix-huitième siècle le nom de Catacombes.

On retrouve les premiers vestiges d'extractions de pierre au bas de la montagne Sainte-Geneviève, sur les rives de l'ancien lit de la Bièvre, dans l'emplacement de l'abbaye Saint-Victor, du Jardin-des-Plantes et du faubourg Saint-Marcel.

Jusqu'au douzième siècle, les palais, les temples et les autres monuments publics de Paris, furent construits en pierres extraites des carrières de ce faubourg et de celles qui furent ensuite ouvertes au midi des remparts de Paris, vers les places Saint-Michel, de l'Odéon, du Panthéon, des Chartreux, des barrières d'Enfer et de Saint-Jacques.

En 1774, plusieurs éboulements et graves accidents attirèrent l'attention du gouvernement, et firent connaître l'étendue et l'imminence d'un péril inconnu jusque-là.

La rive gauche était tout simplement menacée d'être engloutie un jour ou l'autre à une centaine de mètres dans ces souterrains.

Du reste, la légende à peu près historique que j'ai entendu raconter autrefois dans le quartier Saint-Jacques, vous donnera l'idée de ces accidents.

Le jour même où le Conseil d'État, ayant pris connaissance de l'alarme générale, venait de se faire rendre compte de l'état es carrières par MM. Soufflot et Brebion, membres de l'Académie de l'architecture, et avait créé l'administration générale des carrières, dont M. Charles Axel Guillaumot avait été nommé le premier inspecteur général ; ce jour-là même, son installation fut signalée par un événement qui jeta la consternation dans Paris.

On était au mois de mai de l'année 1777. Un homme d'un certain âge et une femme d'un âge certain, respiraient à leur fenêtre de la rue d'Enfer, à peu près où demeure notre ami M. Bertrand (faisons des vœux pour qu'il ne lui arrive rien de semblable). Un couple respirait donc à sa fenêtre les premières délices du printemps.

L'homme dit :

— Une belle matinée.

La femme répond :

— Pas si belle que cela.

Le mari reprend :

— Tu n'es jamais de mon avis.

— C'est vrai, dit la femme, et ce n'est pas au bout de vingt-huit ans de mariage que je t'approuverai en quoi que ce soit.

— Il y a donc vingt-huit ans que nous sommes mariés ?

— Vingt-huit ans juste, cela t'a paru court?

Le mari haussa les épaules, baissa les yeux vers les pavés, semblant ainsi les prendre pour témoins des infortunes dont il avait été témoin depuis ces vingt-huit ans de mariage.

La femme reprit :

— Avoue que tu serais bien heureux d'être débarrassé de moi.

— C'est vrai, dit franchement le mari.

— Que tu donnerais beaucoup de livres pour me voir à cent pieds sous terre, continua aigrement la femme.

— C'est-à-dire, répondit l'homme marié, que je donnerais ma fortune entière, ma vie même, pour que la terre t'engloutisse à trois fois autant de pieds que nous avons vécu d'années ensemble.

Comme il disait ces mots, l'ange du mariage plana au-dessus de ces deux compagnons, il déploya ses ailes d'un brun fauve, et décrivant au-dessus de leurs têtes des cercles gigantesques, d'un coup d'aile il effleura la maison, qui s'engloutit bruyamment à vingt-huit mètres de profondeur au-dessous du sol de la cour, c'est-à-dire à trois fois autant de pieds que leur mariage avait duré d'années.

Et ainsi allèrent se dénouer dans la mort, ces deux âmes indissolublement nouées dans la vie.

Ce drame intime, quoique bourgeois, éveilla de plus belle, quoique tardivement, l'attention du gouvernement, et on commença un travail de réparation, d'après un système qui est encore à peu près celui que l'on suit aujourd'hui.

L'idée de faire une nécropole de ces

carrières est due à M. Lenoir, lieutenant général de la police. Ce fut lui qui en provoqua la mesure, en demandant la suppression de l'église des Innocents et l'exhumation de son cimetière, dont les cadavres envoyaient des miasmes mortels aux habitants de ce quartier.

On comprend en effet les odeurs fétides que devait dégager ce cimetière, qui contenait les dépouilles de millions d'individus, cimetière que Philippe-Auguste avait déjà songé à entourer de murs.

En 1780, c'est-à-dire après deux ou trois cents ans de réclamations — car déjà, en 1554, des médecins de la Faculté en avaient réclamé la suppression — en 1780, on songea à faire droit à cette requête séculaire, considérant *que le nombre des corps excédant toute mesure et ne pouvant se calculer, avait exhaussé le sol de plus de huit pieds au-dessus des rues et des habitations voisines:*

La quantité des corps déposés annuellement était si effrayante, que le dernier fossoyeur, François Poutrain, en avait déposé, pour son seul compte, plus de quatre-vingt-dix mille.

On s'attendrit pendant cinq ans encore sur les malheurs qu'occasionnait cette pourriture, et le 9 novembre 1785, le

Conseil d'État prononça la suppression du cimetière des Innocents.

Les anciennes carrières situées sous la plaine de Montsouris, au lieu de la Tombe-Issoire, ou Isouard, ainsi appelée du nom d'un fameux brigand qui régnait dans les environs, semblèrent, par leur proximité de la ville, leur étendue, leur silence mystérieux, un endroit favorable pour l'établissement d'un cimetière souterrain.

Cette opération eut lieu en trois époques différentes, du mois de décembre 1785 au mois de mai 1786, — du mois de décembre 1786 au mois de février 1787, — du mois d'août 1787 à janvier 1788.

C'est donc à une mesure de salubrité qu'on doit l'établissement de cette merveilleuse ville souterraine qu'on appelle les Catacombes, élevée à la mémoire des ancêtres.

Memoriæ majorum.

. . . .

En sortant de là, ma compagne et moi, nous avons béni le soleil comme des Indiens.

Je regardais le visage de cette belle personne ; il me paraissait impossible qu'une émotion quelconque ne se trahît pas en sortant de cet intérieur des tombeaux.

— Rien, — absolument rien, — le front avait toute sa splendeur, — l'œil toute sa sérénité, — la bouche seule exprimait quelque chose :

Un certain pli qui n'était pas coutumier, une contraction de la lèvre inférieure décelait clairement cette pensée.

— Pouah! c'est très laid ce que nous avons vu là, et je ne comprends pas que des amoureux aient choisi un pareil autel pour leur sacrifice.

. . . .

Tel est le rapport de Paul Bocage, rapport fidèle : j'en mettrais ma main au feu, Paul Bocage ayant des yeux pour voir et des oreilles pour entendre.

Maintenant qu'on connaît le décor, nous allons faire mouvoir les personnages.

V

Où M. Jackal commence à comprendre que c'est lui qui se trompe, et que l'empereur n'est pas mort.

L'aspect de ces lieux, dont nous venons de donner, nous en sommes certains, une description exacte à nos lecteurs, n'avait pas été sans faire éprouver à M. Jackal une certaine sensation nerveuse dont il n'avait pas été le maître.

M. Jackal était brave, nous l'avons dit, et dans plus d'une circonstance le lecteur a déjà pu apprécier sa bravoure, mais il y a certaines conditions de localités, de ténèbres, d'atmosphère qui font passer un frisson dans le cœur des plus courageux.

Le frisson passa dans le cœur de M. Jackal; mais c'était un homme qui mettait dans l'exécution de son état cet amour-propre d'exécution et cet orgueil de réussite qui fait d'un métier un art.

Puis M. Jackal était curieux : il voulait absolument savoir quels étaient ces hommes qui se réunissaient à cent pieds sous terre pour crier : Vive l'Empereur !

Cependant, comme M. Jackal ne poussait pas le courage jusqu'à la témérité, il acheva de prendre toutes les précautions nécessaires à sa sûreté, gagna un enfoncement qui parut lui offrir un abri plus sûr encore que l'ombre de ce pilier derrière lequel il était blotti d'abord, fit jouer à tout hasard dans sa gaîne le poignard qu'il portait toujours sur lui, et, voyant au geste de l'orateur qu'il allait parler, et aux gestes des spectateurs qu'ils allaient écouter, il ouvrit ses oreilles et ses yeux aussi grands qu'il les put ouvrir.

Des chuts prolongés se firent entendre, et l'orateur commença d'une voix grave et sonore, qui fit que M. Jackal comprit dès les premières paroles qu'il ne perdrait pas un mot de son discours.

« Frères, dit-il, je viens vous rendre compte de mon voyage à Vienne. »

— A Vienne, murmura M. Jackal; à Vienne en Autriche ou en Dauphiné ?

« Je suis arrivé la nuit dernière, continua l'orateur, et c'est pour vous communiquer une nouvelle de la plus haute importance que je vous ai fait convoquer pour ce soir, par le ministère de notre chef, à une assemblée extraordinaire. »

— Une assemblée extraordinaire, fit M. Jackal. En effet, l'assemblée que j'ai sous les yeux ne ressemble à aucune de celles que j'ai vues jusqu'à présent.

« Deux hommes, dont il suffit de prononcer les noms pour éveiller en vous des souvenirs de gloire et de dévoûment, M. le général Lebastard de Prémont et M. Sarranti, sont arrivés à Vienne il y a deux mois. »

— Voyons, voyons un peu, dit M. Jackal, il me semble que je connais aussi ces deux noms-là, moi ? Sarranti, Lebastard de Prémont. — Ah! oui, Sarranti. Il est revenu des Grandes-Indes. Si l'honnête

M. Gérard n'est pas mort, il va être bien heureux d'apprendre des nouvelles de l'assassin de ses neveux. Écoutons, écoutons. Diable ! ceci devient intéressant.

Et au risque de se trahir par le bruit de l'aspiration, M. Jackal se fourra une énorme prise de tabac dans le nez.

L'orateur continuait. Mais tout en se livrant à sa voluptueuse occupation, M. Jackal ne perdait pas un mot de ce qu'il disait.

« Ils ont tous deux traversé les mers pour venir nous aider dans nos projets.

Le général Lebastard de Prémont met à la disposition de la cause toute sa fortune, c'est-à-dire des millions, et M. Sarranti, investi de toute la confiance du roi de Rome, est chargé par lui d'organiser sa fuite. »

Un murmure de joie se répandit dans l'assemblée.

— Diable! diable! fit M. Jackal! écoutons.

« Or, voici ce qui a été arrêté, et ce dont je suis chargé de donner communication à la vente suprême. »

— Ah! fit M. Jackal, qui ne pouvait s'empêcher de faire, ne fût-ce que pour lui-même, de l'esprit à sa manière, je m'explique maintenant pourquoi il fait si noir. Nous sommes en pleine charbonnerie. Je croyais cette mine éventée depuis l'affaire de La Rochelle. Suivons le filon.

« Notre projet, continua l'orateur, est d'enlever le prince, de l'amener à Paris, de combiner son arrivée avec une émeute, de jeter tout à coup par les places et par les carrefours son nom si puissamment populaire, et, à l'aide de ce nom, de soulever tous les cœurs restés fidèles à la vieille gloire française. »

— Ouf! dit M. Jackal, ces gens n'étaient

DE PARIS 175

donc pas si fous que je le croyais quand ils criaient vive l'Empereur!

« Le prince, vous le savez, demeure dans le château de Schœnbrunn, où il est exposé à toutes sortes de vexations de la part de la police autrichienne..»

Un murmure d'indignation se fit entendre dans le groupe bonapartiste.

— Bon! fit M. Jackal, voilà qu'ils injurient la police de M. de Metternich, à présent. Mais ces gens-là ne respectent rien.

« Il habite la partie droite du château

appelée l'aile de Meidling. Toute approche nocturne du château est expressément défendue, et empêchée d'ailleurs ; une sentinelle est placée au-dessous des fenêtres du duc, non pas pour faire honneur au fils de Napoléon, mais pour garder le prisonnier de l'Autriche. »

Quelque chose comme un rugissement de colère s'éleva du groupe des soixante conspirateurs.

« De ce côté, il était donc impossible de parvenir jusqu'auprès de lui. Vous connaissez, mes frères, toutes nos tentatives infructueuses jusqu'aujourd'hui. Il a donc fallu, en quelque sorte, que l'ombre de notre grand Empereur planât au-dessus de cette prison pour nous ouvrir les portes du cachot de son fils. »

De bruyants éclats d'approbation se firent entendre.

— Écoutez-moi, reprit l'orateur.

— Chut, silence, fit-on de tous côtés.

« C'est donc muni d'un plan, conçu et tracé par l'Empereur lui-même, que M. Sarranti a pu pénétrer jusqu'à l'héritier du grand homme.

» Or, après avoir cherché pendant près d'un mois tous les moyens de fuite, on s'est arrêté à celui-ci.

» Le duc a la permission de se promener chaque jour à cheval pendant quelques heures, il lui est arrivé une ou deux fois de ne rentrer qu'à la nuit, il a décidé avec M. Sarranti qu'il sortirait une après-midi pour faire sa promenade ordinaire, et que cette fois, au lieu de rentrer, il viendrait rejoindre M. Lebastard de Prémont, qui l'attendrait avec des voitures, des chevaux et vingt hommes bien armés au pied du mont Vert.

» Des relais seront préparés sur toute la

route pour l'envoyé de Runjeet-Sing, l'or donnera des ailes aux chevaux.

» Le jour de la fuite est soumis à la volonté de la vente suprême. M. Lebastard de Prémont recevra l'avis, et le fera passer au duc; la veille du jour de la fuite, M. Sarranti partira, afin de précéder à Paris le prince de vingt-quatre heures.

» La présence de M. Sarranti sera donc le signal d'un soulèvement à Paris et dans les principales villes de France, parmi le peuple et dans l'armée.

» Voici de quelle façon le signal doit être transmis au prince. »

— Oh mais, murmura M. Jackal, si préoccupé qu'il ne songeait même plus à tirer sa tabatière de sa poche, voici qui devient de plus en plus intéressant.

— Écoutez, écoutez, firent les conspirateurs.

L'orateur continua :

« Entre la porte grillée de Meidling et le mont Vert est une villa qui porte écrite à son fronton le mot grec chaire. Il est convenu que le jour où la dernière lettre de ce mot manquera, sera le jour de la fuite.

« Une fois le premier relai franchi, vous n'aurez plus à vous inquiéter de rien; des relais sont établis sur toute la route, depuis Beaumgarten jusqu'à la frontière.

» N'ayons donc nulle inquiétude de ce côté. Seulement, prenons un parti au plus vite.

» Encore quelques mois, et le royal enfant aura peut-être perdu les forces nécessaires pour accomplir ce projet. Quoique jouissant à cette heure d'une excellente santé, il porte sur son front les traces du martyre qu'il subit depuis tant d'années. »

Les conspirateurs parurent redoubler d'attention ; quant à M. Jackal, il ne respirait pas.

« Dans un des carrefours de ces souterrains, continua l'orateur, est réunie une vente centrale. Je vous prie, séance tenante, de déléguer un député auprès d'elle, afin de l'instruire de nos projets. Un jour, une heure, une minute de retard peut tout faire avorter; avant huit jours, selon toute probabilité, M. Sarranti sera ici. Veuillez donc prendre une décision rapide, l'avenir de la France, celui du monde dépendent de votre décision, puisque chacun de nous représente une vente, et que chaque vente représente des milliers d'hommes. »

Tous les membres de l'assemblée se pressèrent autour de l'orateur, comme des officiers qui s'avancent à l'ordre.

— Diable, diable! fit M. Jackal, mais c'est donc une mine de charbon que ces Catacombes. J'avoue que j'aimerais à ouïr ce qui va se débiter dans la vente centrale, mais comment faire? — M. Jackal jeta un regard autour de lui. — Le pays est vaste, sinon aéré. Ma foi, ils ont choisi là un joli petit endroit, bien tranquille, bien retiré, et moi qui les prenais pour des fous. Ah! l'on se rassied, ils ont pris un parti, à ce qu'il me semble.

Et M. Jackal prêta une attention si profonde, qu'il parut aussi immobile que le pilier de granit auquel il était appuyé.

Celui qui avait parlé le premier, celui que M. Jackal n'avait pas entendu, et qui, assis sur une pierre élevée, semblait le président du groupe que le hasard avait placé sous les yeux de l'inspecteur de la police, celui-là seul resta debout, et faisant signe à l'orateur qui s'était rassis avec les autres de venir à lui, il lui dit à demi-voix quelques mots qu'à son grand regret M. Jackal ne put entendre ; mais le mouvement qui s'exécuta aussitôt dans l'assemblée lui fit comprendre le sens de ces paroles.

En effet, l'orateur, après avoir remercié

l'assemblée par un signe de tête, ce qui prouvait qu'on venait de lui accorder quelque chose d'important, l'orateur prit une torche et se dirigea vers une espèce de grotte où il disparut au bout de quelques instants, au désespoir croissant de M. Jackal.

Toutefois, ce départ était bien facile à expliquer, et M. Jackal connaissait trop bien la Charbonnerie, pour ne pas comprendre que l'orateur venait d'être nommé député, et en cette qualité délégué auprès de la vente centrale.

Mais comme nos lecteurs ne sont peut-être pas aussi bien renseignés que M. Jackal, qu'ils nous permettent de leur dire en quelques mots quelle était l'organisation de la Charbonnerie.

VI

La Charbonnerie.

Les républicains du royaume de Naples, sous le règne de Murat, animés d'une haine égale contre les Français et contre Ferdinand, s'étaient réfugiés dans les gorges profondes des Abruzzes, et avaient formé une alliance sous le nom de Carbonari.

En 1819, le carbonarisme italien prit un grand développement par les affiliations avec les patriotes de France. Cet accroissement éveilla l'attention et les soupçons du gouvernement de la Restauration.

Un fait surtout l'étonna.

Le carbonaro Querini fut poursuivi criminellement par les autorités de la cour pour tentative d'homicide. Dans l'instruction, on découvrit qu'il n'avait fait qu'exécuter un jugement de HALTA VENDITA en frappant un carbonaro accusé d'avoir révélé le secret de l'association.

Informé de ce fait par les magistrats de la cour, le ministère avait fait arrêter le cours des poursuites : une enquête et des mesures trop sévères décéleraient, écrivait-il, une crainte que de pareilles sociétés ne peuvent inspirer. Sous une forme de gouvernement où les droits du peuple sont reconnus assurés. Le ministère dissimulait sa propre pensée : la Charbonnerie, au contraire, était alors l'objet des plus opiniâtres investigations : mais il craignait que des poursuites exécutées avec trop d'éclat ne fussent un avis aux nombreuses ventes de Paris et des départements, de se tenir plus que jamais sur leurs gardes.

Le berceau de la Charbonnerie française

était un café de la rue Copeau, et ses fondateurs, Joubert et Dugier, qui, après l'avortement du complot du 19 août, à la suite duquel M. Sarranti avait quitté la France, Joubert et Dugier, de leur côté, avaient été chercher en Italie un refuge contre la poursuite des Chambres. Reçus alors carbonari durant leur séjour à Naples, ils avaient, après leur retour, fait connaître à plusieurs de leurs amis l'organisation de la charbonnerie napolitaine.

Dans une réunion qui se tint rue Copeau, dans la chambre d'un étudiant en médecine nommé Buchez, dont la maison formait le coin de la rue de la Clé, réunion à laquelle assistaient M. Rouen aîné, avocat, les étudiants en droit Limperani, Guinard, Sautelet et Cariol, l'étudiant en médecine Sigond, et les deux employés Bazard et Flottard ; dans cette réunion, Dugier communiqua les statuts et réglements de la Charbonnerie.

Les dix jeunes gens réunis ce jour-là convinrent de rallier tous les membres épars des diverses conjurations formées jusque-là, et de les soumettre à une même direction, en constituant une société française de carbonari.

Trois d'entre eux, Bazard, le grand organisateur de la Charbonnerie, Buchez et Flottard, se chargèrent d'introduire dans les statuts de la charbonnerie italienne les dernières modifications que nécessitaient les mœurs des différents pays.

On se mit sur-le-champ à l'œuvre, et voici quelles furent les principales dispotions de l'organisation de la charbonnerie en France.

La société entière se composait de trois ventes :

La haute vente ;

La vente centrale ;

La vente particulière.

La haute vente, autorité suprême, absolue, souveraine, invisible, inconnue, était unique.

Le nombre des ventes centrales et particulières était illimité.

Chaque réunion de vingt carbonari formait une vente particulière.

Trois ventes particulières étaient réunies sous les yeux de M. Jackal.

Chacune de ces ventes isolées élisait dans

son sein un président, un censeur, un secrétaire-caissier recevant les cotisations, et un député.

Le but de toute vente particulière était le renversement de la monarchie, but commun et dans lequel la charbonnerie avait été instituée.

On s'occupait peu de reconstruire, de reconstituer.

Chasser les jésuites, chasser le roi, briser le joug, tel était le but que se proposait d'atteindre tout carbonaro, quelle que sympathie qu'il eût pour telle ou telle forme de gouvernement.

Bonapastistes, orléanistes, républicains! étaient donc confondus, et si M. Jackal avait eu les cent yeux d'Argus, il eût vu sans doute rayonner au fond des Catacombes, dans quelque angle opposé à celui des bonapartistes, les torches des orléanistes et des républicains.

Chaque vente particulière, comme nous l'avons dit, avait un député. C'était ce député, délégué par elle, qui formait la vente centrale.

La vente centrale, comme la vente particulière, se composait de vingt membres, lesquels membres n'étaient autres que les vingt députés élus par les vingt ventes particulières.

La vente centrale était organisée comme la vente particulière : à son tour elle élisait un président, un censeur et un député.

Le député de cette vente était délégué près de la haute vente, laquelle se composait de toutes les notabilités militaires et parlementaires de l'époque.

Elle ne formait pas de réunion : et le député de la vente centrale n'était jamais délégué qu'auprès d'un de ses membres.

Aussi les affiliés eux-mêmes ne savaient-ils à peu près aucuns des noms des membres de la vente suprême ; et à peine, aujourd'hui, est-on certain d'en connaître la moitié.

Les principaux étaient :

Lafayette, Voyer-d'Argenson, Laffitte, Manuel, Buonarroti, Dupont (de l'Eure), de Schonen, Mérilhou, Barthe, Teste, Baptiste Rouer, Boinvilliers, les deux Scheller, Bazard, Cauchois-Lemaire, de Corcelles, Jacques Kœchlin, etc., etc.

Finissons, en répétant que les éléments dont se composait le carbonarisme étaient loin d'appartenir aux mêmes doctrines politiques, et que bourgeois, étudiants, artistes, militaires, avocats, quoique marchant dans des voies différentes, étaient dirigés par la même cause, c'est-à-dire par une haine ardente contre les Bourbons de la branche aînée.

Au reste, nous tâcherons de les montrer à l'œuvre.

Et maintenant que nos lecteurs savent aussi bien que M. Jackal que l'orateur vient d'être délégué à la vente centrale comme député, reprenons notre récit.

Après le départ du député, ce fut un brouhaha effroyable ; chacun des membres voulut parler sans attendre son tour, les uns, cherchant à se faire entendre, poussaient des cris féroces ; les autres agitaient leurs torches comme si elles eussent été des sabres et des épées ; enfin, ce fut une confusion terrible, et les rayons des torches agitées, en se dirigeant en mille sens divers, devinrent l'image des pensées confuses et divergentes de tous les membres de cette mystérieuse assemblée.

— Oh! oh! murmura M. Jackal, on dirait qu'ils sont déjà à la tête du gouvernement; ils ne s'entendent plus.

Au bout d'une demi-heure de ce tumulte, on vit, au fond de la grotte, derrière le président, sourdre la lumière d'une torche, et l'orateur ou plutôt le député à la vente centrale reparut.

Il ne prononça qu'un mot, mais ce mot, comme le *quos ego* de Neptune, suffit pour rendre le calme aux flots tumultueux.

— Convenu! dit-il.

Tout le monde applaudit, et trois fois fut poussé de nouveau ce cri de : Vive l'Empereur, que M. Jackal avait entendu dès son entrée dans les Catacombes.

Puis la séance fut levée.

Alors, les uns après les autres montèrent sur la pierre qui avait servi de fauteuil au président, et s'enfoncèrent dans la grotte où nous avons vu entrer l'orateur.

Cinq minutes après, le silence et l'obscurité de la mort régnaient seuls sous ces épaisses voûtes.

— Je crois que je n'ai plus rien à faire ici, dit M. Jackal, que ce silence et cette obscurité ne remplissaient pas précisément d'enjouement. Remontons sur la terre ferme ; il ne serait pas de bon goût de faire attendre plus longtemps notre féal Gibanico.

Et M. Jackal, s'assurant qu'il était bien seul, alluma son rat de cave, et se dirigea vers cette gerçure du puits, qui était venue si inopinément trahir, aux yeux exercés du chef de police, ce rassemblement séditieux, composé d'hommes qu'il croyait évaporés, volatilisés, évanouis.

— Eh! fit M. Jackal, sommes-nous toujours là-haut?

— Ah! c'est vous, monsieur Jackal, s'écria Longue-Avoine, nous commencions à être inquiets.

— Merci, prudent Ulysse, dit M. Jackal, la corde est-elle solide?

— Oui, oui, répondirent en chœur les voix des cinq ou six agents qui gardaient l'entrée du puits.

— Alors, enlevez, dit M. Jackal, qui, pendant ce temps, avait passé le porte-mousqueton dans l'anneau de sa ceinture.

Aussitôt ce dernier mot prononcé, M. Jackal se sentit enlever de terre avec une force et une volonté qui indiquaient à la fois et le désir que les argousins avaient de ramener leur chef à eux, et le désir qu'ils avaient de l'y ramener sans accident.

— Ah! il était temps, dit M. Jackal en remettant le pied sur le pavé de Sa Majesté Charles X; un quart d'heure plus tard, j'étais rongé par les rats qui émaillent ce charmant endroit.

Les argousins s'empressèrent autour de M. Jackal.

— C'est bien, c'est bien, dit celui-ci ; je suis sensible à votre empressement, mes amis, mais nous n'avons pas de temps à perdre. Où est Gibanico ?

— A l'Hôtel-Dieu, avec Carmagnole, qui est chargé de ne pas le perdre de vue.

— Bien ! dit M. Jackal, reporte la corde chez toi, Longue-Avoine ; referme avec soin la porte du puits, Maldaplomb ; et vous autres, en marche, s'il vous plaît, dans une demi-heure, rendez-vous tout le monde, à la Préfecture.

Et la petite troupe se mit silencieusement en chemin par la rue des Postes et la rue Saint-Jacques, se dirigeant vers l'Hôtel-Dieu.

On arriva sur le seuil de l'hôpital juste au moment où M. Jackal, aspirant bruyamment une prise de tabac, se livrait à ces réflexions humoristiques :

— Quand je pense que si moi, Jackal, il ne me plaisait pas d'y mettre bon ordre, nous aurions probablement l'empire la semaine prochaine.

Et ces idiots de Jésuites, qui se croient maîtres absolus du royaume!

Et cet honnête homme de roi, qui chasse dessus la terre, tandis qu'on est en train de le chasser dessous !

Pendant ce temps, la porte de l'Hôtel-Dieu s'était ouverte au bruit de la sonnette tirée par un des agents.

— C'est bien, dit M. Jackal en abaissant ses lunettes sur ses yeux, allez m'attendre à la Préfecture.

Et le chef de la police de sûreté entra dans l'hôpital, dont la porte se referma lourdement derrière lui.

Quatre heures sonnaient à Notre-Dame.

VII

Où il est prouvé que la fortune vient encore en dormant.

Au fond d'un des grands dortoirs de l'Hôtel-Dieu, à côté de la petite chambre de la sœur de garde, dans un cabinet faisant pendant à cette chambre, et servant de succursale à l'infirmerie, reposait depuis deux heures à peu près, ce forçat blasé que nous avons présenté à nos lecteurs sous le nom de Gibassier.

Ses blessures pansées, et, hâtons-nous de le dire pour rassurer nos lecteurs, ses blessures n'étaient pas dangereuses, il s'était endormi, écrasé par la fatigue et cédant à ce besoin de sommeil que l'homme éprouve à la suite d'une certaine quantité de sang perdu.

Toutefois, son front était loin d'exprimer cette quiétude et cette sérénité qui sont les anges gardiens du sommeil des honnêtes gens.

Il était facile de lire sur le visage de Gibassier les effets d'une lutte intérieure : le souci de son avenir était écrit en lettres majuscules sur son front haut, vaste, lumineux, et dont les proportions eussent déconcerté les naturalistes et les phrénologues.

Couvrez le visage d'un masque pour en cacher l'expression bassement cupide, et ce front pourra appartenir à un Gœthe ou à un Cuvier inconnu.

Il était tourné de face, par rapport à la porte d'entrée, et de dos par rapport au compagnon qui, assis dans l'angle de la chambre et dans la ruelle de son lit, faisait la lecture dans un livre relié en veau, et semblait marmotter des prières pour le salut éternel ou tout au moins pour le repos momentané du forçat endormi.

Ce n'étaient cependant pas des prières que murmurait ce garde-malade, qui n'était autre, nos lecteurs sans doute l'ont déjà reconnu, que le méridional Carmagnole.

M. Jackal, on se le rappelle, avait recommandé tout particulièrement Gibassier, et Carmagnole, chargé de sa garde, l'avait, il faut lui rendre justice, veillé avant son sommeil et même depuis qu'il dormait, avec la tendresse dévouée d'un frère ou avec la sollicitude non moins attentive d'un garde de commerce.

Cette surveillance n'avait pas, au reste, été difficile à exercer, puisque Gibassier dormait déjà depuis près de deux heures, et paraissait devoir dormir encore pendant un certain temps : au reste, c'était sans doute contre les probabilités d'un long sommeil qu'il avait tiré de sa poche un petit volume à tranches rouges relié en veau, et intitulé :

Les Sept merveilles de l'Amour.

Nous ignorons ce que pouvait contenir ce livre écrit en langue provençale : disons cependant qu'il semblait faire sur le poétique Carmagnole une agréable impression. Sa lèvre inférieure pendait comme celle d'un satyre, son œil étincelait de désir, et son visage, du crâne au menton, rayonnait de félicité.

En ce moment, la sœur de garde entr'ouvrit la porte du cabinet, passa doucement la tête, regarda son malade avec une expression de charité toute chrétienne, et se retira en voyant que son malade dormait encore.

Quelque minutieuse précaution qu'eût prise la bonne religieuse, le bruit qu'elle fit en refermant la porte réveilla Gibassier, qui avait le sommeil du lièvre, et qui, ouvrant l'œil gauche, regarda d'abord du côté droit, et qui, enfin, ouvrit l'œil droit et regarda du côté gauche : alors, se croyant seul.

— Ouf! fit-il en se frottant les deux yeux et en se mettant sur son séant. J'étais en train de rêver que j'étais écrasé par la roue de la Fortune. Que peut signifier ce rêve?

— Je vais vous le dire, maître Gibassier, répondit derrière lui Carmagnole.

Gibassier se retourna vivement et aperçut le Provençal.

— Ah! dit-il, je crois, autant que me

permet de me le rappeler le trouble de mes idées, que j'ai eu le plaisir de faire route, cette nuit, avec votre excellence.

— Justement, répondit celui-ci avec un accent qui ne permettait pas de se tromper à son origine.

— C'est à un compatriote que j'ai l'honneur de parler? demanda Gibassier.

— Je croyais que votre seigneurie était du Nord, repartit Carmagnole.

— Oh! dit philosophiquement Gibassier, la patrie n'est-elle pas le coin de terre où sont nos amis? Je suis du Nord, c'est vrai;

mais mon pays de prédilection, c'est le Midi. Toulon est, en réalité, ma patrie adoptive.

— Eh ! pourquoi donc l'avez-vous quittée, alors ?

— Que voulez-vous, reprit mélancoliquement Gibassier, c'est toujours la vieille histoire de l'enfant prodigue. J'ai voulu revoir le monde, jouir de la vie. Je me suis donné quelques mois de récréation, en un mot.

— Votre début, cependant, ne me semble pas des plus récréatifs.

— J'ai été victime de ma loyauté. J'ai cru à l'amitié. On ne m'y reprendra plus. Mais vous prétendiez tout à l'heure m'expliquer mon songe; seriez-vous parent ou allié de quelque magicienne?

— Non; mais quelques études sérieuses que j'ai faites moi-même avec un académicien de Montmartre, qui s'est fort occupé de chiromancie, de géomancie et autres sciences exactes, — une disposition naturelle au sommeil somnambulique, et un tempérament nerveux, m'ont mis à même d'expliquer les songes.

— Alors parlez, cher ami, et expliquez-moi le mien. Je voyais venir la Fortune à moi avec une telle rapidité, que je ne pus me ranger. En me heurtant, elle me renversa, et elle allait me passer sur le corps et m'écraser, quand la bonne sœur sainte Barnabée ouvrit la porte et me réveilla.— Qu'est-ce que cela signifie?

— Rien de plus simple, dit Carmagnole, et un enfant expliquerait la chose aussi bien que moi. Cela signifie purement et simplement qu'à partir d'aujourd'hui, votre fortune va devenir écrasante.

— Oh! oh! fit Gibassier, dois-je vous croire?

— Comme Pharaon crut Joseph, —

comme l'impératrice Joséphine crut mademoiselle Lenormand.

— Mais, s'il en est ainsi, dit Gibassier, permettez-moi de vous offrir une part dans les bénéfices.

— Ce n'est pas de refus, dit Carmagnole.

— Eh bien, quand commençons-nous à partager ?

— Quand la Fortune vous prouvera que j'ai raison.

— Mais quand me prouvera-t-elle cela ?

— Demain, ce soir, dans une heure peut-être ; qui sait !

— Pourquoi pas tout de suite, cher ami, et si la Fortune est à notre disposition, nous serions bien fous de perdre une heure.

— Ne la perdons pas, alors.

— Bon, et qu'y a-t-il à faire ?

— Appelez la Fortune, et vous allez la voir entrer.

— Vraiment ?

— Parole d'honneur.

— Elle est donc là ?

— C'est-à-dire qu'elle est à la porte.

— Ah! mon cher monsieur, je suis si moulu de ma chute, que je ne saurai aller lui ouvrir moi-même, rendez-moi le service d'y aller pour moi.

— Volontiers.

Et Carmagnole, se levant avec le plus grand sérieux, quitta sa place, remit dans sa poche les *Sept Merveilles de l'Amour*, et, entr'ouvrant la porte par laquelle la sœur de charité avait passé sa tête, prononça quelques mots que Gibassier n'entendit point et qu'il prit pour des paroles cabalistiques.

Après quoi, Carmagnole rentra dans la chambre.

— Eh bien? demanda Gibassier.

— C'est fait, votre honneur, répondit Carmagnole en reprenant sa place.

— La Fortune est convoquée?

— Elle va venir en personne.

— Oh ! que je regrette donc de ne pouvoir aller au-devant d'elle.

— La Fortune est sans façon, et il est inutile de se déranger pour elle.

— De sorte que nous allons l'attendre... patiemment, dit Gibassier, qui, voyant le sérieux de Carmagnole, commençait à croire que son interlocuteur sortait de la fantaisie.

— Vous ne l'attendrez pas longtemps, je reconnais son pas.

— Oh! oh! il me semble qu'elle a des bottes fortes?

— C'est qu'elle a du chemin à faire pour venir jusqu'à vous.

La porte s'ouvrit sur ces derniers mots de Carmagnole, et Gibassier vit entrer M. Jackal en costume de voyage, c'est-à-dire vêtu d'une polonaise et chaussé de bottes fourrées.

Gibassier regarda Carmagnole d'un air qui voulait dire :

— Ah! c'est cela que tu appelles la Fortune, toi?

Carmagnole comprit, car il répondit avec un aplomb qui commença à faire douter Gibassier.

— La fortune même.

M. Jackal fit signe à Carmagnole de se retirer, et Carmagnole, obéissant à ce signe, opéra sa retraite, après avoir lancé un regard affectueux à son associé.

Une fois seul avec Gibassier, M. Jackal regarda autour de lui pour s'assurer s'il n'y avait pas dans la chambre d'autre habitant que Gibassier, et, prenant une chaise, il vint s'asseoir au chevet du lit du malade, et entama la conversation en ces termes :

— Vous vous attendiez sans doute à ma visite, cher monsieur Gibassier ?

— Le nier serait mentir effrontément, mon bon monsieur Jackal ; d'ailleurs, vous me l'avez promis, et quand vous promettez une chose, je sais que vous ne l'oubliez pas.

— Oublier un ami serait un crime, répondit sentencieusement M. Jackal.

Gibassier ne répondit point, mais s'inclina en signe d'assentiment.

Il était évident qu'il regardait M. Jackal et se tenait sur la défensive.

De son côté, M. Jackal avait cet air paterne qu'il savait si bien prendre lorsqu'il s'agissait de confesser ou d'engeôler ce qu'il appelait une pratique.

Ce fut M. Jackal qui prit le premier la parole.

— Comment vous trouvez-vous depuis que nous ne nous sommes vus?

— Assez mal; merci.

— N'aurait-on pas eu pour vous tous les soins que j'avais recommandés ?

— Au contraire. Je n'ai qu'à me louer de tout ce qui m'entoure, et de vous le premier, mon bon monsieur Jackal.

— Et ayant à vous louer de tout ce qui vous entoure, vous trouvant dans un bon cabinet, bien sec, dans un bon lit, bien chaud ; et cela en sortant du fond d'un puits humide et malsain, vous avez l'ingratitude d'accuser la Fortune !

— Nous y voilà, dit Gibassier.

VIII

Clinique.

— Ah! mon cher monsieur Gibassier, continua le chef de police, que faut-il donc faire pour vous prouver qu'on est votre ami?

— Monsieur Jackal, dit Gibassier, je serais indigne de l'intérêt que vous me témoignez si je ne vous donnais pas à l'instant même l'explication de mes paroles.

— Donnez-la moi donc, reprit M. Jackal en prenant avec bruit et volupté une énorme prise de tabac; j'écoute.

— Quand j'ai dit que je me trouvais mal, je savais parfaitement ce que je disais.

—Communiquez-moi votre pensée.

— Je me trouve bien pour l'heure présente, mon bon monsieur Jackal.

— Alors, que vous faut-il de plus?

— J'aimerais à avoir un peu de sécurité pour l'avenir.

— Eh! mon cher Gibassier, qui est sûr de l'avenir? La seconde qui vient de s'écouler ne nous appartient plus; celle qui va venir ne nous appartient pas encore.

— Eh bien! c'est cette seconde qui va venir dont je suis inquiet; je ne vous le cacherai pas.

— Et que craignez-vous?

— Je trouve l'endroit où je suis délicieux. Relativement à l'endroit d'où je sors, c'est un paradis terrestre ; mais vous connaissez mon caractère capricieux.

— Dites blasé, Gibassier.

— Blasé si vous voulez,

— Si bien que je sois ici, je ne pourrai pas plus tôt me bouger, que l'envie me prendra d'en sortir.

— Eh bien !

— Eh bien ! je crains, au moment où me prendra cette fantaisie, de trouver quelque obstacle inattendu qui me forcera de rester ici, — ou quelque volonté brutale qui me contraindra d'aller tout autre part que serait mon intention.

— Je pourrais vous répondre que, puisque vous vous trouvez bien ici, le mieux serait d'y rester; mais je connais votre humeur changeante, et je ne veux pas disputer de vos goûts. Je préfère donc vous répondre franchement.

— Oh! mon bon monsieur Jackal, vous n'avez pas idée avec quel intérêt je vous écoute.

— Alors, laissez-moi vous dire une

chose : c'est que vous êtes libre, cher monsieur Gibassier.

— Hein ? fit Gibassier en se soulevant sur son coude.

— Libre comme l'oiseau dans l'air, — libre comme le poisson dans l'eau, — libre comme l'homme marié quand sa femme est morte.

— Monsieur Jackal!

— Libre comme le vent, — comme le nuage, — comme tout ce qui est libre, enfin.

Gibassier secoua la tête.

— Comment, dit M. Jackal, vous n'êtes pas encore content? — Ah! par ma foi, vous êtes difficile, alors.

— Je suis libre, je suis libre, répéta Gibassier.

— Vous êtes libre.

— J'entends bien, mais...

— Mais quoi?

— A quelles conditions? mon bon monsieur Jackal.

— A quelles conditions?

— Oui.

— Des conditions à vous! cher monsieur Gibassier.

— Pourquoi pas?

— Moi vous vendre la liberté à vil prix!

— Le fait est que ce serait abuser de la position.

— Trafiquer de l'indépendance d'un

ami de vingt ans, moi, moi Jackal, qui vous ai jusqu'ici porté tant d'intérêt, que mon intention était de ne jamais vous perdre de vue, de sorte que, quand je vous eus perdu de vue, voilà un mois, je fus désespéré, moi qui ai tout fait pour adoucir vos différentes captivités, moi qui vous ai sauvé depuis.

— Du puits, vous voulez dire, cher monsieur Jackal.

— Moi qui ai fait veiller sur vous avec une sollicitude toute fraternelle, continua l'homme de police sans s'arrêter au coq-à-l'âne de Gibassier; moi abuser de la position — vous avez dit cette phrase-là, Gibassier, — de la position d'un ami dans le malheur! ah! Gibassier, Gibassier, vous me faites de la peine.

Et M. Jackal, tirant un foulard rouge de sa poche, le leva à la hauteur de son visage, non point pour essuyer ses larmes, dont les sources semblaient aussi taries que celles du Mançanérès; mais pour se moucher bruyamment.

Le ton larmoyant avec lequel M. Jackal avait reproché à Gibassier son ingratitude avait attendri celui-ci.

Aussi répondit-il d'une voix dolente e

avec la justesse d'intonation d'un comédien
à qui l'on donne la réplique :

— Moi, douter de votre amitié, mon bon
monsieur Jackal... moi, mettre en oubli
les services que vous m'avez rendus ! Mais,
si j'étais capable d'une pareille ingratitude, je serais un misérable sceptique sans
cœur et sans entrailles ; mais je renierais
donc les choses les plus sacrées, les vertus
les plus saintes. Non, Dieu merci ! monsieur
Jackal, elle fleurit encore dans mon sein,
cette plante céleste qu'on appelle l'amitié.
Ne m'accusez donc pas avant de m'avoir
entendu, et, si je vous ai demandé à quelles
conditions je devais recouvrer ma liberté,
croyez que c'est moins par défiance de
vous que par défiance de moi-même.

— Voyons, essuyez vos larmes et expliquez-vous, mon cher Gibassier.

— Ah! fit le forçat, je suis un grand pécheur, monsieur Jackal.

— Eh! mon Dieu! l'Écriture ne dit-elle pas que le plus grand saint pèche sept fois dans un jour?

— Il y a des jours où j'ai péché quatorze fois, monsieur Jackal.

— Vous ne serez canonisé qu'à moitié.

— Oh! il faudrait pour cela que je n'eusse commis que des péchés.

— Oui, vous avez commis des fautes...

— Ah! si je n'avais commis que des fautes...

— Vous êtes plus grand pécheur que je ne le supposais, Gibassier.

— Hélas!

— Seriez-vous bigame, par hasard?

— Qui est-ce qui n'est pas un peu bigame et même polygame ?

— Vous avez peut-être tué monsieur votre père et épousé madame votre mère, comme Œdipe ?

— Tout cela peut arriver par accident, monsieur Jackal, et la preuve, c'est qu'Œdipe ne se croit pas coupable pour cela, puisque M. de Voltaire lui fait dire :

Inceste, parricide, et pourtant vertueux.

— Tandis que vous, c'est tout le contraire, vous n'êtes pas vertueux, quoique vous ne soyez ni inceste, ni parricide.

— Monsieur Jackal, je vous l'ai dit, c'est moins le passé qui m'inquiète que l'avenir.

— Mais d'où diable vous vient donc cette défiance de vous-même, mon cher Gibassier ?

— Eh bien ! s'il faut que je vous le dise, j'ai peur d'abuser de ma liberté dès qu'elle me sera rendue.

— De quelle façon ?

— De toutes les façons, monsieur Jackal.

— Mais entre autres ?

— J'ai peur d'entrer dans quelque conspiration.

— Ah! vraiment... Diable, c'est sérieux ce que vous me dites là, Gibassier.

— On ne peut plus sérieux.

— Voyons, expliquez-vous...

Et M. Jackal s'accommoda sur sa chaise de manière à indiquer que la conférence allait durer un certain temps.

— Que voulez-vous, mon bon monsieur Jackal, continua Gibassier avec un soupir, je ne suis plus d'âge à me bercer des vagues illusions de la jeunesse.

— Bon! quel âge avez-vous donc?

— J'ai près de quarante ans, mon bon monsieur Jackal; mais, au besoin, je saurais arranger mon visage de façon à en paraître, au besoin, cinquante ou soixante.

— Oui, je connais votre talent, sous ce rapport. Vous jouez agréablement les grimaces. Ah! vous êtes un grand acteur, Gibassier. Je sais cela, et voilà pourquoi j'ai des vues sur vous.

— Auriez-vous un engagement à me proposer, mon bon monsieur Jackal? hasarda Gibassier avec un sourire qui indiquait qu'à tort ou à raison il croyait avoir pénétré quelque chose des secrets de son interlocuteur.

— Nous parlerons de cela tout à l'heure, Gibassier. En attendant, reprenons la conversation où nous l'avons laissée, c'est-à-dire à votre âge.

— Eh bien! je disais donc que j'avais quarante ans bientôt. C'est l'âge de l'ambition chez les grandes âmes.

— Oui, et vous êtes ambitieux?

— Je l'avoue.

— Vous voudriez bien faire fortune ?

— Oh ! pas pour moi...

— Occuper une place dans l'État ?

— Servir mon pays fut toujours mon plus ardent désir.

— Vous avez fait votre droit, Gibassier, cela conduit à tout.

— Oui, mais j'ai eu le malheur de ne pas prendre mes licences.

— C'est impardonnable de la part d'un homme qui sait son Code comme vous, c'est-à-dire sur le bout du doigt.

— Non-seulement notre Code, mon bon monsieur Jackal, mais le Code de tous les pays.

— Et quand avez-vous fait ces études?

— Pendant les heures de loisir que m'accordait le gouvernement.

— Et le résultat de vos études ?

— A été qu'il y avait beaucoup à réformer en France.

— Oui, la peine de mort, par exemple.

— Léopold de Toscane, un duc philosophe, l'a réformée dans ses États.

— Oui, et le lendemain un fils a tué son père, crime qui n'était pas arrivé depuis un quart de siècle.

— Mais ce n'est pas la seule chose que j'aie étudiée.

— Oui, vous avez étudié les finances aussi.

— Spécialement. Eh bien! à mon retour, j'ai trouvé celles de la France dans un état déplorable. Avant deux ans, la dette s'élèvera à un chiffre exorbitant.

— Ah! ne m'en parlez pas, cher monsieur Gibassier.

— Non, car mon cœur se brise rien qu'en y songeant, et cependant...

— Quoi?

— Si l'on me consultait, les caisses de l'État seraient pleines au lieu d'être vides.

— Je croyais, cher monsieur Gibassier, qu'un négociant, vous ayant confié sa caisse, l'avait trouvée au contraire vide au lieu de pleine.

— Mon bon monsieur Jackal, on peut être un très mauvais caissier et être un excellent spéculateur.

— Revenons aux caisses de l'État, mon cher monsieur Gibassier.

— Eh bien, je connais un remède au mal cuisant qui vide les nôtres. Je sais comment arracher ce ver rongeur des nations qu'on appelle le Budget, je sais comment soutirer les haines amassées comme des nuages orageux au-dessus du gouvernement.

— Et ce moyen, profond Gibassier?

— Je n'ose pas trop vous le dire.

— C'est de changer le ministère, n'est-ce pas?

— Non, c'est de changer le gouvernement.

IX

La mission de Gibassier.

— Oh! fit M. Jackal, Sa Majesté serait bien heureuse si elle vous entendait parler ainsi.

— Oui, et le lendemain du jour où j'aurais exprimé mon opinion avec la liberté d'un homme de conscience, on m'arrêterait nuitamment, on fouillerait ma correspondance, on plongerait dans les secrets de ma vie privée.

— Bah! fit M. Jackal.

— On le ferait, et c'est pour cela que je ne m'associerai jamais à aucun complot... Cependant...

— A aucun complot, mon cher monsieur Gibassier, dit M. Jackal en relevant ses lunettes et en regardant fixement Gibassier.

— Non, et cependant de fameuses propositions m'ont été faites, je puis m'en vanter.

— Vous êtes plein de réticences, Gibassier.

— C'est que je voudrais que nous nous comprissions.

— Sans nous compromettre l'un l'autre, n'est-ce pas ?

— Justement.

— Eh bien, mais causons, nous avons le temps, quand je dis nous avons le temps...

— Ah ! vous êtes pressé ?

— Un peu.

— Ce n'est pas moi qui vous retiens, j'espère ?

— Au contraire, il n'y a que vous qui me retenez. Ainsi donc, continuez...

— Où en étions-nous ?

— Vous en étiez à votre deuxième *cependant*.

— Cependant, disais-je, j'ai peur, une fois libre...

— Une fois libre ?

— N'ayant pas une vieille habitude de la liberté....

— Vous avez peur d'abuser de la vôtre?

— Justement! Ainsi supposez que je me laisse entraîner, je suis un homme d'entraînement.

— Je le sais, Gibassier ; tout au contraire de M. de Talleyrand, votre premier mouvement est le mauvais, mais vous y cédez.

— Eh bien, supposez donc que j'entre dans quelqu'un de ces complots qui se trament autour du trône du vieux roi. Or, qu'arriverait-il une fois là ? Je serais entre deux écueils : garder le silence et risquer ma tête, dénoncer mes complices et risquer mon honneur.

M. Jackal semblait arracher avec ses yeux chaque parole de la bouche de Gibassier.

— De sorte, lui dit-il, mon cher Gibassier, que vous persistez à douter de l'avenir ?

— Ah ! mon bon monsieur Jackal, insista

le forçat, qui semblait craindre d'en avoir trop dit, et revint sur ses pas ; si vous aviez pour moi un quart de l'amitié que j'ai pour vous, savez-vous ce que vous feriez ?

— Dites, Gibassier, et si cela est en mon pouvoir, je le ferai, aussi vrai que le soleil nous éclaire.

Peut-être M. Jackal employait-il cette locution par habitude, mais le fait est que, pour le moment, le soleil éclairait les îles Sandwich.

Aussi, Gibassier tourna-t-il les yeux vers la fenêtre, et son regard fut-il une éloquente ironie : le soleil était absent juste au moment où M. Jackal le requérait de lui servir de témoin.

Mais il ne fit pas semblant de s'en apercevoir, et eut l'air de tenir pour bonne l'invocation de M. Jackal.

— Eh bien ! dit Gibassier, si vous êtes disposé à faire quelque chose pour moi, faites-moi voyager, mon bon monsieur Jackal. Je ne serai dans mon assiette que quand je me sentirai hors de France.

— Et où voudriez-vous donc aller, cher monsieur Gibassier?

— Partout, excepté dans le Midi.

— Ah! vous détestez donc bien Toulon?

— Ou dans l'Ouest.

— Oui, à cause de Brest et de Rochefort. Allons, fixez vous-même votre itinéraire.

— J'aimerais l'Allemagne... Croiriez-vous que je ne connais pas l'Allemagne?

— Ce qui fait qu'on ne vous y connaît pas non plus. Je conçois l'avantage que vous trouveriez à voyager dans un pays vierge.

— Oui, on explore...

— Voilà.

— Je me fais une joie d'explorer, moi, la vieille Allemagne surtout.

— L'Allemagne des châteaux ?

— Oui, l'Allemagne des burgraves, l'Allemagne des sorciers, l'Allemagne de Charlemagne, *Germania mater*...

— Alors vous seriez heureux d'avoir une mission sur les bords du Rhin ?

— Le jour où je l'obtiendrai, tous mes souhaits seront accomplis.

— Vous parlez à cœur ouvert ?

— Aussi vrai que le soleil ne nous éclaire pas, mon bon monsieur Jackal.

Cette fois, ce fut M. Jackal à son tour qui tourna la tête vers la fenêtre, et qui, remarquant l'absence de l'astre pris à témoin par son interlocuteur, put ajouter foi aux allégations de Gibassier.

— Je vous crois, Gibassier, dit M. Jackal, et je vais vous le prouver.

Gibassier écouta de toutes ses oreilles.

— Ainsi vous dites, mon cher Gibassier, que l'objet de tous vos désirs serait une mission sur les bords du Rhin?

— Je l'ai dit et je ne m'en dédis pas.

—Eh bien! la chose n'est pas impossible.

— Ah! mon bon monsieur Jackal.

— Seulement je ne vous dis pas si la mission sera en deçà ou au-delà du Rhin.

— Du moment où je me trouverai sous

votre protection immédiate... et cependant je ne vous cache pas que j'aimerais mieux...

— De la défiance, Gibassier !

— Eh bien ! non, car enfin vous n'avez aucune raison de me tromper...

— Aucune, je vous connais.

— De perdre votre temps avec moi si vous n'aviez rien à me dire.

— Je ne perds jamais mon temps, Gibassier, et, du moment où vous me voyez en voyage et prêt à partir, si je ne pars pas, c'est que je fais ou que l'on fait pour moi, pendant ce retard, quelque chose d'utile.

— A mon intention ? demanda Gibassier avec une certaine inquiétude.

— Je ne saurais dire non. J'ai un si grand faible pour vous, mon cher Gibassier, que, depuis que je vous ai retrouvé, je ne m'occupe que d'une chose, c'est de ce que l'on peut faire de vous.

— Monsieur Jackal, on peut en faire bien des choses.

— Je le sais ; mais tout homme a une

vocation. Voyons, Gibassier, vous n'êtes pas de grande taille, mais vous êtes solidement taillé.

— J'ai gagné jusqu'à dix francs par jour comme modèle.

— Eh bien! voyez, vous êtes en outre d'un tempérament sanguin, d'un caractère énergique.

— Trop, c'est de là que viennent tous mes malheurs.

— Parce que vous vous étiez détourné de votre voie; engagé dans une autre route, vous eussiez atteint le but.

— Je l'eusse dépassé, monsieur Jackal.

— Voyez-vous, c'est mon avis. Permettez-moi donc de vous dire que vous êtes du bois dont on fait les grands capitaines, Gibassier, et, ce qui m'étonne depuis longtemps, c'est de ne pas vous voir suivre la carrière des armes.

— J'en suis encore plus étonné que vous, monsieur Jackal.

— Eh bien, que diriez-vous si je réparais vis-à-vis de vous les négligences de la fortune?

— Je ne dirais rien, monsieur Jackal, tant

que je ne saurais pas de quelle façon vous les réparez.

— Si je vous faisais général ?

— Général !

— Oui, général de brigade.

— Et quelle brigade aurais-je l'honneur de commander, monsieur Jackal ?

— Une brigade de sûreté, mon cher Gibassier.

— C'est-à-dire que vous me proposez tout simplement d'être mouchard?

— Oui, tout simplement.

— De renoncer à mon individualité ?

— La patrie vous demande de lui faire ce sacrifice.

— Je ferai ce qu'exigera la patrie ; mais, de son côté, que fera-t-elle pour moi ?

— Formulez vos désirs.

— Vous me connaissez, mon cher monsieur Jackal?

— J'ai cet insigne honneur.

— Vous savez que j'ai de grands besoins ?

— On y pourvoira.

— Des fantaisies démesurément coûteuses ?

— On les satisfera.

— En un mot, je puis vous rendre de grands services.

— Rendez-les, mon cher Gibassier, et on les paiera.

— Maintenant, laissez-moi vous dire quelques mots qui vont vous prouver ce dont je suis capable.

— Oh! je vous crois capable de tout, général!

— Et de bien autre chose encore vous allez voir.

— J'écoute.

— De quoi dépend la grandeur et le salut d'un État... de la police, n'est-ce pas?

— C'est vrai, général!

— Un pays sans police est un grand navire sans boussole et sans gouvernail.

— C'est à la fois juste et poétique, Gibassier.

— On peut donc regarder la mission de l'homme de police comme la plus sainte, la plus délicate et la plus utile à la fois de toutes les missions.

— Ce n'est pas moi qui vous dirai le contraire.

— D'où vient donc, alors, que, pour occuper cette fonction importante, pour remplir cette mission conservatrice, on choisit d'ordinaire des idiots de la plus laide espèce ? d'où vient cela ? Je vais vous le dire : c'est que la police, au lieu de s'occuper des grandes questions gouvernementales, entre dans les détails les plus infimes et se laisse aller à des préoccupations tout à fait indignes d'elle.]

— Continuez, Gibassier.

— Vous dépensez plusieurs millions à rechercher les complots politiques, n'est-ce pas ? Eh bien ! combien en avez-vous découvert depuis 1815 ?

— Depuis 1815, dit M. Jackal, nous en avons découvert...

— Pas un seul, interrompit Gibassier, car c'est vous qui les avez faits tous.

— C'est vrai, répondit M. Jackal, et maintenant que vous êtes des nôtres, je n'essaierai pas de vous rien cacher.

— Conspiration Didier, affaire de police, — conspiration Tolleron, Pleigner et Carbonneau, affaire de police ; — conspiration des Quatre-Sergents de la Rochelle, affaire de police ; comment en êtes-vous réduits là ? parce que vous n'osez aborder franchement les quatre ou cinq grands chefs de complot que vous coudoyez tous les jours dans les rues de Paris. Vous élaguez l'arbre et vous n'osez porter la cognée sur le tronc, et pourquoi cela? parce que les malheureux agents que vous employez ont des yeux pour ne pas voir, des oreilles pour ne pas entendre, parce que vous avez rendu leur mission déshonorante et impopulaire, parce que vous avez ravalé le mot police en consacrant des intelligences d'élite, non pas à veiller à la sûreté de l'État, mais à arrêter des voleurs.

— Il y a du vrai dans ce que vous dites, Gibassier, fit M. Jackal en prenant une prise de tabac.

— Mais que vous ont-ils fait, ces malheureux voleurs? Ne pouvez-vous donc pas les laisser travailler en paix? Est-ce qu'ils vous tourmentent, est-ce qu'ils se plaignent de la loi contre la presse, est-ce qu'ils font des satires contre vous, est-ce qu'ils crient au jésuite ! non; ils vous laissent faire tranquillement votre petite politique ultrà. En avez-vous jamais trouvé un seul dans un complot ? Au lieu de leur accorder aide et protection comme à des gens paisibles et inoffensifs, — au lieu de fermer paternellement les yeux sur leurs petites frasques, vous vous acharnez à leurs trousses comme à une proie, et vous appelez cela faire de la police? Fi ! monsieur Jackal, c'est de la petite taquinerie mesquine et basse, c'est l'enfance de l'art, c'est la police comme elle était faite au paradis terrestre, du temps qu'on arrêtait Adam et Eve pour une malheureuse pomme, au lieu d'appréhender au corps le serpent qui conspirait. Tenez, monsieur Jackal, pas plus tard qu'avant-hier, on a arrêté qui... je vous le demande, l'ange Gabriel.

— Votre ami, oh !

— Cela vous indigne...

— On l'a donc reconnu ?

— Non pas même ; il avait faim, l'honnête garçon, et il était entré, pauvre innocent, pour demander un pain, chez un boulanger. Le boulanger était de mauvaise

humeur parce qu'il venait d'être pris en
flagrant délit de vente à faux poids et qu'il
allait en avoir pour douze francs d'amende
en police correctionnelle. Il refusa bruta-
lement le pain que le pauvre affamé lui
demandait. Alors, lui, prit le pain, mordit
dedans, et, malgré les cris du boulanger,
il l'avait dévoré avant que vos agents n'ar-
rivassent : les agents arrivent et, au lieu
d'arrêter le boulanger, ils arrêtèrent Gabriel.

— Oui, dit M. Jackal, je sais bien qu'il y
a des vices dans notre législation, mais,
avec vos avis, on les combattra, honnête
Gibassier.

— Or, pendant que vos agents se livraient

à ce méchant exercice, savez-vous ce qui se passait au-dessous d'eux, à cent pieds environ ?

— On conspirait, n'est-ce pas ?

— Et savez-vous quel était le cri de ralliement de la conspiration ?

— Vive l'empereur ! allons, je vois bien que le puits qui parle a parlé pour vous comme pour moi, Gibassier... Et quelles conséquences avez-vous tirées de ce cri ?

— Qu'avant un mois, trois semaines,

quinze jours peut-être, nous jouirons d'une autre forme de gouvernement.

— Eh bien! cet aveu fait, je crois qu'il me reste peu de chose à vous dire.

— Mais moi, il me reste à attendre vos ordres, mon maréchal, dit Gibassier en faisant le geste d'un officier qui porte la main à son chapeau devant un supérieur.

— Quand pourrez-vous vous tenir sur vos jambes!

— Quand il le faudra, dit Gibassier.

— Je vous donne vingt-quatre heures.

— C'est plus qu'il ne me faut.

— Demain matin, vous partirez pour Kehl. Longue-Avoine vous remettra vos passeports. A Kehl, vous vous arrêterez à l'auberge de la Poste. Un homme, venant de Vienne, passera dans une voiture de poste. Quarante-huit ans, yeux noirs, moustaches grisonnantes, cheveux coupés en brosse, taille de cinq pieds sept pouces. Il voyagera sous un nom quelconque : son vrai nom est Sarranti. Du moment où il se sera offert à vos yeux, vous ne le perdrez plus de vue. Les moyens c'est votre affaire. A mon retour ici, je désire savoir où il loge, ce qu'il fait, ce qu'il fera. Voilà un bon de mille écus payables rue de Jérusalem. Il y a douze mille francs pour vous, si vous accomplissez ponctuellement mes instructions.

— Ah ! dit Gibassier, je savais bien, moi, que le mérite était récompensé un jour ou l'autre.

— Ce que vous dites là est d'autant plus vrai, Gibassier, que si je connaissais un mérite plus grand que le vôtre, c'est à lui que je confierais la mission que je vous confie à vous ; et maintenant, mon cher Gibassier, recevez tous mes souhaits de bonne santé et d'heureuse réussite.

— Ah! quant à ceux de bonne santé, je suis guéri. Le désir d'être utile à Sa Majesté a fait cette cure miraculeuse. Quant à ce qui est de réussir, rapportez-vous-en à moi.

En ce moment, Longue-Avoine entra et parla bas à M. Jackal.

— Vous connaissez le mot du roi Dagobert, mon cher Gibassier, dit M. Jackal, « il n'y a si bonne compagnie qu'il ne faille quitter; » mais le devoir avant le plaisir, la vertu avant l'amitié. Adieu et bonne chance.

Et M. Jackal quitta rapidement Gibassier.

Arrivé sur le parvis Notre-Dame, il y trouva une berline de voyage, attelée de quatre chevaux montés par deux postillons.

— Es-tu là, Carmagnole, dit M. Jackal en entr'ouvrant la portière de la voiture?

— Oui, monsieur Jackal.

— Alors, restes-y.

— Vous m'emmenez donc à Vienne?

— Non, je te laisse en route.

Puis, se retournant vers Longne-Avoine:

— On a arrêté avant-hier, rue Saint-Jacques, un malheureux qui avait volé un pain ; qu'on me le mette à part, j'ai à lui parler à mon retour ; il répond au nom de l'Ange-Gabriel.

S'élançant alors dans la voiture et s'établissant carrément au fond, tandis que Carmagnole se tenait modestement sur le devant :

— Route de Belgique, dit-il au postillon qui refermait la portière, et six francs de guides.

— Eh! entends-tu, Jolibois, cria le postillon à son camarade, six francs de guides.

— Mais on marchera vivement, dit M. Jackal en passant sa tête par la portière.

— On brûlera les pavés, mon prince, dit le postillon en se mettant en selle... Hurrah!

Et la voiture disparut au moment où le jour paraissait.

X

Mignon.

Nos lecteurs se rappellent probablement que nous avons laissé M. Jackal et Carmagnole emportés par le galop de quatre chevaux, brûlant le pavé, sous le fouet de deux postillons.

Laissons-les courir en poste sur la route de l'Allemagne, mettons entre eux et nous la frontière de France, et revenons à cette maison de la rue de l'Ouest, devant laquelle nous avons vu s'arrêter un matin la voiture armoriée de la princesse Régina de Lamothe-Houdon.

Faisons comme elle, entrons sous la voûte de la porte cochère; mais, au lieu de nous arrêter là comme elle, montons les trois étages d'une maison nouvellement bâtie, et arrêtons-nous en face d'une porte garnie de clous et sculptée comme une porte arabe.

Maintenant, agissons en amis, tournons

le bouton sans frapper, et nous nous trouverons sur le seuil de l'atelier de notre ancienne connaissance, Pétrus Herbel.

C'était un adorable atelier que celui de Pétrus, atelier de peintre d'abord, mais aussi de musicien, de poète et de prince, car le vulgaire se trompe en pensant que les peintres seuls ont le privilége exclusif des ateliers. Dès cette époque, tout ce qui pense, tout ce qui compose, toutes les manœuvres de l'esprit en un mot, se sentaient à l'étroit dans ces espèces de ratières qu'on appelle des cabinets de travail. Il semble que, pour s'élever à sa véritable hauteur, la pensée, cette esclave reine, a besoin, comme les grands aigles, d'espace et d'air.

Or, un temps sera, nous l'espérons, où les propriétaires, devenus eux-mêmes des gens d'esprit, comprendront le bienfait des ateliers et forceront les locataires, qui ne le comprendraient pas encore, à les habiter par ton, sinon par préférence ou par besoin.

A cette époque, où l'atelier pittoresque succédait à peine à l'atelier classique, celui de Pétrus pouvait être pris pour type du logement d'un Raphaël de la nouvelle école.

Nous avons dit, d'ailleurs, que c'était un atelier qui pouvait également convenir à un peintre, à un musicien, à un poëte et à un prince.

Le lecteur nous est témoin que nous avons nommé le prince le dernier, la noblesse du génie étant à notre avis plus vieille même que celle de M. le comte de Mérode, qui prétend descendre de Mérovée, même que celle de M. le duc de Lévy, qui prétend être parent de la Vierge. Nous ne contestons pas ces deux descendances ; mais la noblesse de Schakespeare et de Dante est bien autrement antique et respectable, à notre avis. L'un descend d'Homère, l'autre de Moïse.

En entrant chez Pétrus, on était étonné,

surpris, charmé. Tous les sens tressaillaient, car tous les sens étaient éprouvés à la fois; l'ouïe, par les gémissements de l'orgue; l'odorat, par le parfum du benjoin et de l'aloès brûlant dans des cassolettes turques; la vue par l'aspect des mille objets divers qui tiraient l'œil en tous sens.

C'étaient des prie-Dieu du quatorzième siècle avec des sculptures à clochetons, des peintures raides et à couleurs vives, chefs-d'œuvre du règne de Charles IV, Louis XI et Louis XII, dont on ne connaît pas plus les auteurs qu'on ne connaît les architectes et les statuaires de nos plus belles cathédrales. C'étaient des bahuts de la renaissance de Henri III et de Louis XIII, avec des

incrustations d'écaille, de nacre et d'ivoire;
c'étaient des statuettes détachées des tombeaux des ducs de Bourgogne ou de Berry,
moines priant, saintes mélancoliques,
saints Georges et saints Michels domptant
des dragons, les uns peints comme les apôtres de la Sainte-Chapelle, les autres dorés
comme les évangélistes de Mont-Réal; c'étaient suspendues au plafond, des cages
hollandaises, comme on en voit aux fenêtres des femmes de Miéris, des lampes de
cuivre aux becs contournés, comme on en
trouve dans les intérieurs de Gérard Dow.
C'étaient des armes de toutes les espèces,
de toutes les époques, de tous les pays,
depuis la framée des rois chevelus jusqu'à
ces belles et bonnes carabines qui, à cette
époque, commençaient à sortir des ate-

liers de Devisme, depuis le casse-tête primitif, l'arc et les flèches empoisonnées des sauvages de la Nouvelle-Zélande, jusqu'aux sabres recourbés des pachas turcs et les pistolets à crosses d'argent ciselées des soldats arnautes; c'étaient au milieu de tout cela, soutenus par des fils invisibles, qui leur donnaient l'air de voler de leurs propres ailes, des oiseaux de mer et de terre d'Europe et d'Afrique, d'Amérique et d'Asie, de toute taille et de toutes couleurs, depuis le gigantesque albatros qui se laisse tomber des nues sur sa proie comme un aérolithe, jusqu'à l'oiseau-mouche qui semble une escarboucle ou un saphir emporté par le vent. Puis, des plâtres, reproduction des chefs-d'œuvre de Phidias et de Michel-Ange, de Praxitèle et de Jean

Goujon, des torses moulés sur nature, des bustes d'Homère et de Chateaubriand, de Sophocle et de Victor Hugo, de Virgile et de Lamartine; enfin, sur tous les murs, des études d'après le Poussin, Rubens, Vélasquez, Rembrandt, Vatteau, Greuse, des esquisses de Scheffer, de Delacroix, de Boulanger et d'Horace Vernet.

Quand l'œil étonné, inquiet même à l'aspect de tant d'objets divers, se laissait guider par l'oreille, et cherchait l'instrument et le musicien dont les sons mélodieux et les doigts savants emplissaient l'appartement de flots d'harmonie, le regard, pénétrant dans l'enfoncement d'une fenêtre aux vitraux de couleur dont l'embrasure servait de cadre à un orgue, s'arrêtait sur un jeune homme de vingt-huit à trente ans, au visage pâle, aux traits mélancoliques, qui laissait errer ses doigts sur le clavier en improvisant des accords d'un sentiment exquis, mais d'une tristesse profonde.

Ce musicien, cette espèce de maître Volfrang, c'est notre ami Justin. Depuis plus d'un mois il a demandé à tout le monde des nouvelles de Mina, et, malgré les promesses de Salvator, il n'a rien appris.

Il semble attendre, pour en faire la musique, des vers qu'un autre jeune homme compose ou plutôt traduit. Cet autre jeune homme, au teint basané, aux cheveux crépus, à l'œil intelligent, aux lèvres charnues et sensuelles, c'est notre poète Jean Robert. Il pose et traduit tout à la fois.

Il pose pour un tableau de Pétrus et traduit des vers de Gœthe.

En face de lui est une adorable enfant de quatorze ans à peine, avec un de ces costumes de fantaisie qu'elle aime tant à porter, des sequins d'or au cou et sur le front, une écharpe rouge autour de la taille, une robe à fleurs d'or et de charmants petits pieds nus, des yeux de velours, des dents de perle, et des cheveux d'ébène tombant jusqu'à terre.

C'est Rose-de-Noël dans le costume de Mignon.

Elle danse pour son ami Wilhelm Meister la danse des œufs qu'elle a refusé de danser dans la rue pour son premier maître.

Wilhelm Meister compose pendant qu'elle danse, la regarde, sourit et en revient à ses vers.

Nous avons dit que Wilhelm Meister, c'était notre poète.

A côté de Rose-de-Noël, couché à terre, et expliquant le sourire mélancolique de l'enfant, est cet autre petit Mohican du bon Dieu que nous avons vu chez le maître d'école et chez la Brocante, Babolin, vêtu d'un costume de baladin espagnol. Il complète le merveilleux tableau de genre que Pétrus est en train de fixer sur la toile, et qui tient comme art le milieu entre un Isabay et un Decamps.

Pétrus est toujours ce jeune homme moitié artiste, moitié aristocrate, à la belle et noble figure que nous connaissons. Seulement cette figure est couverte d'un voile de tristesse profonde, qu'attriste encore, au lieu de l'égayer, le sourire amer qui passe de temps en temps sur ses lèvres.

Ce sourire amer, c'est la pensée intérieure

et inconnue qui éclate ; elle n'a rien de commun avec ce qu'il fait ni avec ce qu'il dit.

Ce qu'il fait, nous le répétons, c'est un tableau représentant Mignon dansant, devant Wilhelm Meister, la danse des œufs.

Ce qu'il dit, c'est :

— Eh bien ! Jean Robert, cette chanson de Mignon est-elle achevée ? Tu vois bien que Justin attend.

Ce à quoi il pense, ce qui fait qu'un sourire amer se dessine sur ses lèvres, c'est qu'à cette heure même où il achève son tableau auquel il travaille depuis trois semaines, où il demande à Jean Robert : As-tu fini ? où il essuie avec un mouchoir de batiste son front où perle la sueur ; c'est qu'à cette heure même, disons-nous, la belle Régina de Lamothe-Houdon épouse le comte Rappt à l'église de Saint-Germain-des-Prés.

Maintenant, vous le voyez, il y a cependant une certaine analogie entre ce qui se passe et le tableau que fait Pétrus.

Rose-de-Noël, qui pose pour Mignon, c'est un souvenir de cette belle Régina qu'il aime d'un si profond amour, et qui lui échappe en ce moment même pour jamais. Un instant, la vie sombre de la pauvre petite bohémienne s'est éclairée au reflet éclatant de la vie de Régina. Pour avoir un prétexte de s'occuper, ne fût-ce qu'indirectement, de la fille du maréchal, de la femme du comte Rappt, car Régina va être la femme de son rival, Pétrus a cherché cette Rose-de-Noël dont il avait déjà esquissé le portrait sans la connaître, l'a trouvée et, avec l'aide de Salvator, l'a décidée à venir poser chez lui.

Et, vous le voyez, Rose-de-Noël pose, enchantée du beau costume que lui a fait faire Pétrus, et regardant avec ses grands yeux étonnés et ravis cette magnifique reproduction de sa personne sur la toile.

Il faut le dire aussi, aucun peintre, aucun poète, ni Pétrus, qui voulait reproduire son image, ni Gœthe qui l'avait rêvée, personne n'eût pu imaginer, et encore moins formuler une Mignon semblable à celle que Pétrus avait là sous les yeux.

Imaginez la misère enfant, ou plutôt l'enfance misérable, avec sa beauté naïve, son insouciance d'or, et cependant, à travers cette beauté et cette insouciance, je ne sais quoi de mélancolique et de songeur.

Vous rappelez-vous cette fiévreuse beauté, cette grelottante jeune fille assise dans la barque de ce beau tableau d'Hébert qu'on appelle *la Malaria*.

Non, n'imaginez rien, ne supposez rien,

voyez avec les yeux de votre imagination, et vous verrez mieux qu'il ne nous est donné de vous faire voir.

Maintenant, à qui ressemblait cette Mignon de Pétrus?

C'était difficile à dire.

Si Rose-de-Noël eût été consultée, elle eût dit certainement, en voyant la petite bohémienne du tableau, que la Mignon de Pétrus ressemblait à la fée Carita ou plutôt à mademoiselle de Lamotte-Houdon.

Tandis que, expliquez la chose comme vous voudrez, lecteurs, si Régina eût été interrogée, elle eût trouvé incontestablement que cette Mignon ressemblait à Rose-de-Noël.

D'où vient cela ?

C'est que Pétrus regardait Rose-de-Noël et pensait à Régina.

Or, c'était en regardant Rose-de-Noël et en pensant à Régina qu'il venait de dire à Jean Robert :

— Eh bien ! Jean Robert, cette chanson de Mignon est-elle achevée, tu vois bien que Justin attend.

— La voici, dit Jean Robert.

Justin se tourna à moitié sur son tabouret, Pétrus abaissa son appuie-main et sa

-palette sur son genou, Rose-de-Noël alla regarder par-dessus l'épaule de Jean Robert les pattes de mouches raturées qui représentaient les trois couplets de la chanson de Mignon, si populaire en Allemagne, et Babolin se souleva sur ses coudes.

— Lis, nous écoutons, dit Pétrus.

Jean Robert lut :

Connais-tu le pays où les citrons fleurissent,
Où l'orange jaunit sous son feuillage vert,
Où les jours sont de flamme, où les nuits s'attiédissent,
Où règne le printemps en exilant l'hiver?
Ce doux pays où croît le myrte solitaire,
Où le laurier grandit dans un air embaumé,
Dis-moi, le connais-tu ? non. Eh bien ! c'est la terre
Où je veux retourner avec toi, bien-aimé !

Connais-tu la maison où s'ouvrit ma paupière,
Où ces dieux de granit qui faisaient mon effroi,

En me voyant rentrer, de leurs lèvres de pierre
Murmureront : « Enfant, qu'avait-on fait de toi ? »
Chaque nuit, comme un phare, en mon rêve étincelle
Sa vitre, qui s'allume au couchant enflammé.
Cette maison, dis-moi, la connais-tu ? C'est celle
Où j'aurais voulu vivre avec toi, bien-aimé !

Connais-tu la montagne où l'avalanche brille,
Où la mule chemine en un sentier brumeux,
Où l'antique dragon rampe avec sa famille,
Où bondit sur les rocs le torrent écumeux ?
Cette montagne, il faut la franchir dans la nue;
Car c'est de son sommet que le regard charmé
Découvre à l'horizon la terre bien connue
Où je voudrais mourir avec toi, bien-aimé !

A ce dernier vers, Justin poussa un soupir, Rose-de-Noël essuya une larme, et Pétrus tendit la main à Jean Robert.

— Ah ! donnez-moi ces vers bien vite, dit Justin ; je crois que je ferai sur eux de la bonne musique.

— Et vous m'apprendrez à les chanter, n'est-ce pas ? dit Rose-de-Noël ?

— Sans doute.

Pétrus allait dire aussi quelque chose, lorsque l'on frappa à la porte trois coups espacés d'une certaine façon.

— Ah ! dit Pétrus en pâlissant, c'est Salvator.

Puis d'une voix à laquelle il essayait de rendre sa fermeté :

— Entrez, dit-il.

On entendit alors la voix de Salvator qui disait :

— Couche là, Roland.

Puis la porte s'ouvrit, et Salvator parut avec son costume de commissionnaire.

Roland resta couché sur le palier en dehors de la porte.

FIN DU TREIZIÈME VOLUME.

TABLE

Des chapitres du treizième volume.

		Pages
Chap.	I. Où il est prouvé qu'il n'y a que les montagnes qui ne se rencontrent pas.	1
—	II. Le lierre et l'ormeau.	21
—	III. Où étaient passés les soixante hommes que cherchait M Jackal.	81
—	IV. Les Catacombes.	107
—	V. Où M. Jackal commence à comprendre que c'est lui qui se trompe, et que l'empereur n'est pas mort.	167
—	VI. La Charbonnerie.	187
—	VII. Où il est prouvé que la fortune vient encore en dormant.	207
—	VII'. Clinique.	229
—	IX. La mission de Gibassier.	253
—	X. Mignon.	289

Fin de la table du treizième volume.

Fontainebleau. — Imp. de E. Jacquin.

Ouvrages de Gondrecourt.

Le baron Lagazette	5 vol.
Le chevalier de Pampelonne	5 vol.
Mademoiselle de Cardonne.	5 vol.
Les Prétendans de Catherine	5 vol.
La Tour de Dago	5 vol.
Le Bout de l'oreille	7 vol.
Un Ami diabolique	5 vol.
Médine.	2 vol.
La Marquise de Candeuil.	2 vol.
Le Légataire	2 vol.
Le dernier des Kerven.	2 vol.
Les Péchés mignons	5 vol.

Ouvrages divers.

Le Coureur des bois, *par Gabriel Ferry* . .	7 vol
Les Crimes à la mode, *par André Thomas* . .	2 vol.
Le Mauvais Monde, *par Adrien Robert*. . . .	2 vol.
Une Nichée de Tartufes, *par Villeneuve* . .	5 vol.
La famille Aubry, *par Paul Meurice*.	5 vol.
Louspillac et Beautrubin, *par le même* . . .	1 vol.
Le Tueur de Tigres, *par Paul Féval*	2 vol.
Une Vieille Maîtresse, *par Barbey d'Aurevilly* .	3 vol.
Les Princes d'Ebène, *par G. de la Landelle* . .	5 vol.
L'Honneur de la famille, *par le même*	2 vol.
Un Beau Cousin, *par Maximilien Perrin* . . .	2 vol
Le Roman d'une femme, *par A. Dumas fils* . .	4 vol.
Faustine et Sydonie, *par Mme Charles Reybaud*.	3 vol.
Le Mari confident, *par madame Sophie Gay* . .	2 vol
Georges III, *par Léon Gozlan*	5 vol.
Sous trois rois, *par Alexandre de Lavergne* . .	2 vol.
Trois reines, *par X. B. Saintine*	2 vol.

Fontainebleau, imprimerie de E. Jacquin.